近断层地震动多速度脉冲识别及特性研究

陈笑宇 孙治国 王东升 王建宁◎著

中国建筑工业出版社

图书在版编目（CIP）数据

近断层地震动多速度脉冲识别及特性研究 / 陈笑宇
等著. -- 北京：中国建筑工业出版社，2025.5.
ISBN 978-7-112-30959-7

Ⅰ. P631.4

中国国家版本馆 CIP 数据核字第 20257N85P4 号

责任编辑：辛海丽
文字编辑：王 磊
责任校对：张 颖

近断层地震动多速度脉冲识别及特性研究

陈笑宇 孙治国 王东升 王建宁◎著

*

中国建筑工业出版社出版、发行（北京海淀三里河路 9 号）

各地新华书店、建筑书店经销

国排高科（北京）人工智能科技有限公司制版

北京中科印刷有限公司印刷

*

开本：787 毫米×1092 毫米 1/16 印张：9¼ 字数：188 千字

2025 年 2 月第一版 2025 年 2 月第一次印刷

定价：**68.00** 元

ISBN 978-7-112-30959-7

（44692）

前　言

　　近断层地震动中存在低频、大幅值速度脉冲，这使临近断层结构具有更高的强度和延性需求。对于近断层地震动脉冲特性深入研究有利于加深对临近断层结构反应的认识，从而为临近断层结构抗震设计提供理论依据。目前已有的研究工作中，受强震记录处理和速度脉冲识别及提取方法的限制，相关研究主要集中于单脉冲的识别与获取方面，多脉冲特性涉及较少。本书基于希尔伯特-黄变换（HHT）及其相关理论，针对近断层地震动，提出涵盖原始强震记录基线校正至速度脉冲定量判别及提取的整套脉冲特性研究方法，该方法对多脉冲记录尤为有效。基于提取出的理想化速度脉冲构建了（多）脉冲参数与地震参数的统计关系，并对向前方向性和滑冲效应引发的速度脉冲进行区分。以脉冲持时重新定义了近断层地震动的有效强震持时，并以单自由度弹（塑）性谱分析和多层结构非线性时程分析进行验证。主要工作内容概述如下：

　　首先，基于希尔伯特能量密度谱分析（HSA）提出近断层原始强震记录基线校正方法。方法基础是将所有引起基线偏移的原因视为对原始记录的污染，统称为噪声。借鉴"靶向治疗"思路，利用 HSA 分析迭代提取出"未受污染的"地震动主能量频率成分，而后对已被污染部分进行简单处理。迭代提取过程可以尽最大可能地保留强震记录有效信息。该方法可以通过强震记录有效获得台站处断层错动位移，同时获取稳定的地面峰值位移（PGD）和符合物理意义的基线偏移时间历程。

　　其次，针对基线校正后的强震记录速度时程，基于HHT提出近断层地震动速度脉冲定量判定和提取新方法。引入能量变化和频率指标两个参数，对强震记录中能量贡献较大的低频成分进行识别和提取，认为速度脉冲是由这些成分组成的。然后，采用雨流计数法获取理想速度脉冲，其在时间轴上可以连续，也可以断续。对于多脉冲记录，可以将每个速度脉冲发生时刻准确定位于时域，同时计算脉冲相关参数。

　　再次，基于考虑随机效应的统计模型，分析脉冲参数与地震参数之间的关系，前者包括脉冲个数、脉冲周期和幅值，后者含矩震级、断层类型和断层距等。研究表明，随着脉冲数目的增加，多脉冲地震动更有可能发生在相对局限的区域。引入主能量脉冲的概念，认为发生在同一条记录中的多个脉冲周期相近，可用主能量脉冲周期（T_p^E）表示，各脉冲的速度幅值（PGV）呈现衰减特性，也可用主能量脉冲幅值（PGV^E）线性表示。同时发现，各脉冲参数与断层类型、场地条件等因素有关，并根据断层类型，给出了考虑随机效应的脉冲参数与地震参数统计关系模型。同时，根据理想脉冲及其位移时程对向前方向性和滑冲效应引发的脉冲进行区分。

最后，基于提取出的理想速度脉冲，认为起始至结束时刻的脉冲持时可定义为近断层地震动的有效强震持时。以单自由度系统（SDOF）弹性和弹塑性反应谱，以及3层、9层和20层抗弯钢框架地震时程分析结果验证，定义的有效强震持时涵盖了近断层地震动的主要震动情况和能量变化，以有效强震持时截取的部分加速度记录可以代替全持时强震记录进行结构抗震时程分析。

本书涉及研究成果是在国家自然科学基金（52208507）、河北省自然科学基金（E2024512005）、中央高校基本科研业务费专项资助项目（2510371020）、河北省重点研发计划（21375405D）、河北省重大科技支撑计划（24295401Z）、国机集团青年科技基金（QNJJ-PY-2022-02）等项目资助下完成，在此表示衷心感谢。

由于近断层地震动特性问题的复杂性以及作者水平有限，书中难免存在不妥之处，敬请各位专家、同行和读者批评指正。

目 录

符 号 说 明

符　　号	代表意义	单　位
A	幅值	cm
ν	相位角	rad
f_p	中心频率	Hz
c_i	第i阶 IMF	cm/s
r_n	最后残余项	cm/s
t	时间	s
ω	频率	rad
$\theta_i(t)$	相位函数	rad
Δt	时间的划分间隔	s
$\Delta\omega$	频率的划分间隔	rad
t_i	第i个时间划分	s
ω_j	第j个频率划分	rad
n	该网格内的数据点数量	—
E	信号总能量	cm^2
$\Phi(\cdot)$	小波基函数	cm/s
s	尺度缩放因数	—
l	时间平移因数	—
$C_{s,l}$	小波系数	—
$kn_m(t)$	添加的白噪声序列	—
N	添加白噪声的总次数	—
$a(x,t)$	时变的幅值	cm/s
$a(t)$	调幅项（AM）	cm/s
$\cos\varphi(t)$	调频项（FM）	rad/s
$e_1(t)$	信号的第一次经验包络	cm/s
$\Delta E_{c(n)}$	对应第n阶 IMF 的能量变化	cm^2

符　号	代表意义	单　位
$S_{a'}$	理想脉冲的谱加速度	cm/s^2
$S_{v'}$	理想脉冲的谱速度	cm/s
$S_{d'}$	理想脉冲的谱位移	cm
S_a	初步提取脉冲谱加速度	cm/s^2
S_v	初步提取脉冲波形谱速度	cm/s
S_d	初步提取脉冲波形谱位移	cm
n	计算周期点个数	—
PGA	初步提取脉冲波形地面峰值加速度	cm/s^2
PGA′	理想脉冲地面峰值加速度	cm/s^2
S_p	弹塑性位移反应	cm
S_e	弹性位移反应	cm
μ	延性系数	—
R	强度折减系数	—
f_p	理想脉冲峰值点对应时刻瞬时频率	Hz
M	地震震级	—
r	断层距	km
θ	输入模型参数向量	—
ε_{ij}	第i次地震事件第j条记录统计误差项	—
η_i	第i个事件内部随机效应	—
ε_i	事件之间误差项	—
N	数据点数	—
C	协方差矩阵	—
μ	预测值向量	—
I_N	单位矩阵	—
$\mathbf{1}_n$	$n \times n$维元素为 1 的矩阵	—
m	地震事件数	—
n_i	第i次事件中强震记录个数	—

第 1 章

绪 论

1.1　研究背景和意义

多次地震后灾害调查表明，近断层地震动对临近断层的结构物具有显著破坏性。1957 年美国 Port Hueneme 发生矩震级 4.7 级地震，虽然震级较小，但其造成的灾害是同等震级地震中前所未有的。后续研究发现，此次地震事件中第一次记录到含有速度脉冲的地震动是造成大量结构破坏的重要原因[1]。分别发生于 1966 年和 1971 年的 Parkfield 地震和 San Fernando 地震再次证实了近断层脉冲型地震动的危害[2-4]。工程师们广泛认识到地震动中的脉冲对长周期结构的破坏性并在设计中考虑其影响却始于 1994 年 Northridge 地震和 1995 年的 Kobe 地震[5]。如图 1-1、图 1-2 所示，这两次地震均发生在人口密集的城市区域，结构较普遍采用了现代抗震措施，但面对脉冲型地震动作用较多结构物仍未能经受住考验。

图 1-1　1994 年 Northridge 地震 Gavin Ganyon 斜交桥震害　　图 1-2　1995 年 Kobe 地震阪神高速路高架桥震害

［注：图片引自太平洋地震工程研究中心（PEER）NISEE-PEER 数字图书馆］

研究发现，近断层地震动携带的速度脉冲可以使结构产生较大的位移反应，使得临近断层的结构在其作用下有更高的强度和延性需求[5-11]。对这种脉冲特性的深入研究有利于加深对临近断层结构反应的认识，从而为临近断层结构抗震设计提供理论依据。低频速度脉冲主要由近断层地震动的向前方向性效应和滑冲效应引起[12-24]：当断层的破裂前锋沿断层面向前发展的速度接近剪切波速时，位于破裂前端的近断层记录仪在初始时刻将同时接收到一系列剪切脉冲，这一系列剪切脉冲是由破裂前锋抵达记录仪在断层面上的有效投影点之前的一系列破裂过程而产生的，并在记录仪处叠加，从而形成初始阶段短持时、高峰值的脉冲；滑冲效应与地震过程中两盘发生相对滑移或错动而产生的地面永久静位移相关，可以用弹性位错理论进行解释。在强震记录中则呈现为近似阶跃函数形式的永久位移时程。而在原始强震记录基线校正中常用的滤波方法，会消除滑冲效应引发的永久位移，不适用于近断层地震动。传统两点分段校正法可以保留永久位移信息，但其受参数选取的影响，校正结果差异较大，并难以获得稳定的地面峰值位移（PGD）。

基于基线校正后的强震记录，准确判定其脉冲特性并提取速度脉冲是对近断层地震动特性进行深入研究的基础。诸多学者在这方面做了研究，其中以 Baker[25]的小波定量判定方法最为广泛使用。但该方法无法提取出同一条记录中的多个脉冲，虽然 Lu 等[26]提出迭代提取方法，将 Baker 的小波方法拓展至多脉冲情况，却存在脉冲时域重叠的问题。同时，受限于脉冲特性获取方法，目前对于脉冲特性的统计规律研究仍主要围绕单脉冲情况，多脉冲特性受到关注较少。结构反应分析方面，强震持时是衡量地震动强度的重要指标，但是现在广泛使用的强震持时定义多基于强震记录加速度时程，不能准确反映以低频脉冲为主的近断层地震动的强度。以下将就上述几方面对现有研究分别进行综述，同时简要介绍本书的工作。

1.2　近断层强震记录基线校正

对于近断层脉冲型地震动的深入研究依赖于强震记录的准确获得。由于背景噪声、仪器噪声、地面倾斜（仪器倾斜）等因素影响，原始地震动加速度记录不可避免地存在基线偏移等问题[27-30]。这种偏移对于加速度记录影响较小，当积分为速度、位移时程时，误差却被急剧放大，从而对近断层地震动更具低频的速度脉冲特性的研究造成困难。

在地震动中的低频成分获得充分关注前，高通滤波是最为广泛的强震记录处理手段[31]，美国地质调查局（USGS）即采用此方法开发了通用基线校正程序 BAP（Basic Acceleration Processing）。高通滤波会滤除包含永久位移信息的低频信号，因此不适用于近断层强震记录的处理。目前，各国学者提出的适用于近断层强震记录处理的方法可总体分为两类：传统两点分段校正法与基于信号时频分析的基线校正方法。

1.2.1　传统两点分段校正法

Graizer 等[32]于 1979 年提出强震记录中的基线偏移可以由多项式进行拟合。Iwan 等[33]于 1985 年采用此方式尝试将原始强震记录分为三段进行拟合处理。该方法针对特定仪器的磁滞效应引起的基线偏移，首先以加速度 50cm/s² 作为固定限值，在加速度时程上，以首次超过此限值记为强震开始时刻t_1，末次超过此限值记为强震结束时刻t_2，而后根据t_1和t_2两个时刻，将加速度和速度时程划分为三段。对速度时程尾段（t_2时刻到记录末端）进行线性拟合，所得斜率a_f即为加速度时程尾段基线偏移值，即：

$$v_{c(t)} = v_0 + a_f t \qquad (1\text{-}1)$$

式中，$v_{c(t)}$ 为 t_2 到记录末端的线性拟合；a_f 为斜率；v_0 为截距。

中间段（$t_1 \sim t_2$ 之间）加速度时程基线偏移平均值由下式获得：

$$a_m = \frac{v_{c(t_2)}}{t_2 - t_1} \qquad (1\text{-}2)$$

式中，$v_{c(t_2)}$ 为 t_2 时刻线性拟合值。

加速度时程的尾段和中间段分别减去相应的偏移值 a_f 和 a_m 即为校正后的加速度时程。该加速度时程积分可以获得较为合理的速度、位移时程。

这个方法可以保留强震记录中的永久位移信息，但是 t_1 和 t_2 的选择是基于特定仪器的特定效应。基线偏移的原因多样，固定限值的选取过于主观，不适用于其他情况。

Boore[27]于 2001 年对 Iwan 等人的三段校正法进行改进。他在对集集地震记录研究时发现，此次地震中的仪器并未发现明显磁滞效应，因此在基线校正过程中放弃了将 50cm/s² 作为固定限值，重新定义了 t_1 和 t_2 的选择标准。Boore 的方法中，t_1 和 t_2 均被设定为可变参数，t_2 定义为原始速度时程 $t_{f1} \sim t_{f2}$ 段拟合直线与零轴交点时刻（t_{f1} 为强震刚刚消退时刻，t_{f2} 通常选取记录结束时刻）。t_1 是一个自由变化的参数，不再以某一固定限值选取，但其选取规则不唯一，这对获得稳定的强震记录的峰值位移（PGD）影响较大，如图 1-3 所示。

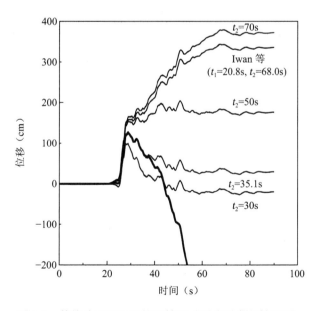

图 1-3 传统分段校正法校正结果（图片引自文献[27]）

Wu 等[34]在基线校正过程中将位移时程引入，再次对关键时刻的选择标准进行优化。在他们的方法中 t_1 的选取被明确为原始位移时程开始非零的时刻；增加参数 t_3（位移时程达到永久位移水平的时刻），而后引入平坦度指标f对t_2进行选择：

$$f = \frac{|\gamma|}{|b|\sigma} \tag{1-3}$$

式中，f为平坦度指标；γ为线性相关系数；b为校正后的位移时程t_3时刻到记录尾部的最小二乘回归斜率；σ为t_3到记录尾部位移时程的方差。

t_2可为t_3到记录结束时刻之间的任意时刻，根据不同t_2备选时刻对原始记录进行反复校正并计算相应f值，取f值最大的时刻为最终t_2的取值。Wang 等[35]结合 Boore 和 Wu 等的工作，引入更细致的参数确定t_1和t_2的选择范围，采用穷尽算法对位移时程进行非线性拟合，从而获得波形上最合理的t_1和t_2。至此，强震记录基线分段校正实现软件自动化，降低了人为主观性，也应看到，对于关键时刻t_1和t_2初步范围的确定仍是基于部分物理条件设定的。

国内也有学者基于 Boore 的工作做了诸多改进和在强震记录处理上的应用。王国权等[29]基于集集地震动数据对分段校正方法进行优化，于海英等[36]针对长持时的汶川地震动记录提出多段校正方法，谢俊举等[37]也在汶川地震原始记录的处理中应用分段校正法。陈勇等[38]基于张海明等提出的最佳时段拟合思想引入均方差来确定尾段最为平稳的位移时程从而获得合适的t_2；荣棉水等[39]基于陈勇等的工作再次引入时移斜率比、拟合段标准差和位移时程尾段均方差三个参数对关键时刻的选择工作进行优化；张斌等[40]引入均方根偏差对关键时刻的选取进行优化。

这些工作将传统分段校正方法中关键时刻的选取进行了充分优化，并应用于实践。我国台湾地震工程研究中心即采用传统分段校正法处理原始强震记录，建立了近断层脉冲型地震动数据库[41]。结果证明，传统分段校正法可以保留永久位移信息，处理近断层地震动原始记录是有效的，但是无法解决此类方法存在的本质问题：

分段校正法对于强震记录的处理结果高度依赖于关键时刻t_1和t_2的选择，时刻选点不同导致最终获得的 PGD 和永久位移差异性很大；更多地关注于速度、位移波形的调整，本质上去除了何种频率成分未知[28]。

在传统分段校正法中，基线偏移被简化为加速度时程上的两阶段阶跃函数，这种假设与基线偏移成因的研究结果略有矛盾。如前所述，导致基线偏移的因素复杂，对应频率成分变化多样，这种偏移应该是一个复杂的频率变化过程，而阶跃函数频率变化过于单一。随着大型、高柔结构建筑越来越多，抗震分析对强震记录中更真实的频率成分（低频）还原提出了更高的要求，甚至被要求还原到20s 以上[42]。

1.2.2 基于信号时频分析的基线校正方法

随着信号时频分析技术的发展，诸多学者尝试通过强震记录的频域分解、去噪解决基线偏移问题。

Chen 等[43]基于离散小波变换提出三相位校正方法。首先将原始加速度记录添零扩充以解决小波分解边界效应问题，而后对扩充后的数据以 Meyer 小波为母波进行离散小波变换，连续分解 16 层后将各层分解得到的高频项叠加重构，将重构信号积分为位移，根据三个标准确定第一相位处理后的最佳近似信号。第一相位的处理中满足了位移波形起始零值的限制并获得了稳定的 PGD，但是位移时程尾部变形说明仍有低频噪声存在。将第一相位中扩充后的原始加速度信号直接积分为速度时程，对速度时程进行小波变换，同样 16 层分解后将高频项逐层叠加，再将各层重构的速度时程积分为位移时程，选择一个尾部波形最平稳的信号作为最佳近似。第二相位的处理能够捕捉到位移时程平稳的尾部波形。而后在第三相位处理中，将第一、第二相位结果结合，从而获得最终校正后的记录。此方法被应用于集集地震动原始记录的处理，表现良好，但是物理基础较为薄弱。

Ansari 等[44-45]根据小波去噪理论提出强震记录两阶段去噪方法。首先对原始加速度记录进行 N 层次小波分解，针对每一层的细节（高频）项进行降噪处理，将去噪后的所有细节项和最后一层近似（低频）项重构为新的加速度信号；而后将重构信号积分为速度时程，进行二次降噪处理，以 SureShrink 程序确定去噪限，再将去噪后的细节项重构，获得降噪后的记录。该方法针对有永久位移的近断层地震动记录仍需要进一步的基线校正处理。Chanerley 等[46]也使用小波变换将原始记录分解为高频子信号和低频子信号，对高频子信号去噪，使用低频子信号估计永久位移和仪器倾斜。这些基于小波变换的强震记录处理方法与一般滤波方法假定噪声存在于某一固定频域内不同，是对全频域进行分解去噪，但是分解层数是人为主观确定的，着重于对信号进行处理，物理基础较为薄弱。

Huang 等[47]提出一种基于经验模态分解（EMD）的基线校正方法。该方法首先将原始记录进行低通滤波从而降低后续分解得到的本征模态分量（IMF）的阶数，而后将滤波后的信号进行 EMD 分解，筛选其中几项 IMF 叠加，构建基线偏移模型。这个方法虽然引入了新的信号处理技术，但是本质依旧是将原始加速度时程基线偏移假定为阶跃函数形式，并且处理结果非常依赖低通滤波限的选取，并未发挥 EMD 分解的优势。

综上所述，现有的近断层强震记录处理方法中，传统分段校正方法经过多年发展已被充分优化并实践应用，但是此类方法是基于加速度时程基线偏移为阶跃函数形式的假设，这与基线偏移的物理原因略有矛盾，难以在频域尽可能最大限度地真实还原地震动信息（尤其低频），对于关键时刻的优化选取并不能解决此问题。基于信号时频分析的基线校正方法可以在频域内将原始地震动信号做"解剖"并还原到时域。小波变换和希尔伯特-黄变换等时频分析手段都可达到此目的，但是此类方法在强震记录里中的应用和发展略显缓慢，各个方法均未被充分研究。

1.3 近断层强震记录脉冲识别与参数获取

基于基线校正后的近断层强震记录及上述认识，各国学者对脉冲的识别和脉冲参数的获取开展了广泛研究。从结构抗震角度，高效地识别和提取出脉冲波形，有利于"精准"描述脉冲型地震动作用下的结构响应和破坏机理。在 2007 年 Baker 提出通过小波变换定量、自动化提取脉冲之前，近断层地震动的相关研究主要是通过构建各种数学模型来表征脉冲特性。在 Baker 小波方法提出后，又有一些采用信号处理手段的脉冲研究方法面世。

1.3.1 数学模型表征脉冲

Alavi 和 Krawinkler 界定了单侧、双侧和多脉冲三种脉冲形式，采用方形波表征脉冲加速度时程[48-49]。Makris 等[8,50-51]同样针对这三种脉冲形式以简谐波构建脉冲模型。Menun 和 Fu 尝试采用较为复杂的复合函数表征速度脉冲，并于 2004 年根据 Haskell 震源模型对近断层脉冲的数学模型进行改进[52-53]。李新乐和朱晞在 Menun 和 Fu 的工作基础上提出改进的等效速度脉冲模型，并讨论了脉冲模型参数的确定方式[54]；田玉基等[55]采用连续函数建立等效速度脉冲模型。

在众多脉冲表述的数学模型中，Mavroeidis 和 Papageorgiou 于 2003 年构建的模型应用最广[56]。该模型对 Gabor 小波进行修改提出了 M&P 小波：

$$f(t) = \frac{1}{2}A\left[1 + \cos\left(\frac{2\pi f_{\mathrm{p}}}{\gamma}\right)t\right]\cos(2\pi f_{\mathrm{p}} + \upsilon) \tag{1-4}$$

式中，A 为幅值，单位为 cm/s², cm/s 或 cm，取决于使用 $f(t)$ 描述何种物理量；f_{p} 为中心频率；γ 为振动特性；υ 为相位角。

与 Gabor 小波不同的是 M&P 小波在用于单自由度反应分析时能够给出封闭解。基于 M&P 小波，近断层速度脉冲的解析模型得以建立：

$$V(t) = \frac{1}{2}A\left\{1 + \cos\left[\frac{2\pi f_{\mathrm{p}}}{\gamma}(t - t_0)\right]\right\}\cos\left[2\pi f_{\mathrm{p}}(t - t_0) + \upsilon\right],$$
$$\begin{cases} t_0 - \dfrac{\gamma}{2f_{\mathrm{p}}} \leqslant t \leqslant t_0 + \dfrac{\gamma}{2f_{\mathrm{p}}}, \gamma > 1; \\ \text{其他，等于零。} \end{cases} \tag{1-5}$$

式中，t_0 为包络曲线峰值时刻；A 为幅值，单位为 cm/s；其余参数同上。脉冲周期取为中心频率 f_{p} 的倒数。

此模型可以模拟脉冲的速度、加速度、位移时程和相应反应谱，与其他数学模型相比变化灵活，更接近于实际脉冲波形，并且在将其作为输入研究单自由度体系地震反应时能够获得封闭解。李帅等[57]采用 Butterworth 滤波器将实测近断层强震记录分解为高频无脉冲速度时程和低频脉冲速度时程，而后以 M&P 速度脉冲模型对低频速度时程进行拟合。Dickinson 和 Gavin 基于 Gabor 小波也建立了速度脉冲模型[58]。这些数学模型统一存在的问题是脉冲周期、幅值、位置、相位等重要参数需要提前获取，而对于多脉冲情况，脉冲个数更需要人为确定。针对 M&P 模型，Mimoglou 等[59]优化了各参数自动化确定过程，他们建立了 $S_v \times S_d$ 谱，由此卷积谱峰值对应的周期作为脉冲周期，再通过建构小波的累积绝对位移（CAD）与反应谱峰值的关系获得其他参数，此优化程序后续应用较少，原因尚不清楚。

另外，数学模型表述只是对于近断层地震动中脉冲波形的拟合重现，无法对一条强震记录是否为近断层脉冲型进行判别。有学者基于这些数学模型针对脉冲型记录的判别开展了部分工作。Vassiliki 等[60]采用 M&P 小波作为母波，将 M&P 小波与强震记录的互相关系数作为脉冲判定指数。当此系数大于 0.65 时，地震动记录可被判定为脉冲型；当系数小于 0.55 时，即为非脉冲型记录。Zhai 等[61]采用 Dickinson 和 Gavin 提出的脉冲模型构造速度脉冲，而后由其是否占总能量的 30% 来对脉冲型地震动进行判定，其中脉冲周期采用峰点法确定。Chang 等[62]在 2016 年对此方法进一步修正。这些方法虽然能够粗略实现脉冲型地震动的判定，但是脉冲参数需要人为确定的困难仍无法解决。

1.3.2 基于信号处理的脉冲识别方法

随着信号处理工具的发展，对于脉冲型地震动定量的自动化判别成为可能。Baker[25]基于小波变换提出脉冲型地震动定量判定方法。该方法以 Db 小波为母波，对地震动记录速度时程进行连续小波变换，提取出系数值最大的小波，而后通过三个标准判定提取出的信号是否为早到脉冲——即向前方向性效应引起的脉冲，需要同时满足的三个判定标准为：

（1）以幅值比和能量比为参数通过回归分析获得脉冲指数（PI），当 PI > 0.85 时，提取信号即可被判定为脉冲，当 PI < 0.15 时即为非脉冲。

（2）脉冲能量累积达到 10% 的时刻早于原始地震动总能量累积达到 20% 的时刻。

（3）原始地震动速度峰值大于 30cm/s。

判定为近断层脉冲型地震动后，提取出的携带最大小波系数的小波即为地震动中的等效速度脉冲波形，脉冲周期定义为提取出的小波最大傅里叶幅值对应的周期。这是目前近断层脉冲型地震动研究工作采用最多的方法。该方法中，母波的选取虽然对脉冲型地震动判定影响较小，对脉冲周期求解影响却十分显著[63-64]。小波系数表征的是相关小波的能量，提取最大系数的小波本质即为找到能量最大的小波。因此，对于多脉冲情况，此方法只能提取出一个能量最大的脉冲。

Lu 和 Panagioto 根据 Baker 的小波方法，以 M&P 小波为母波，针对多脉冲记录提出了迭代提取的方法[26]。在这个方法中，脉冲个数与提取次数并不完全相关，且每次提取出的脉冲在时域上相重叠，无法将各个脉冲发生时刻准确定位。

针对向前方向性脉冲，Xu 等[65]提出了多尺度分析法，仍可以理解为小波变换的扩展。Chang 等[66-67]在近期研究工作中发现，对于向前方向性效应引起的脉冲，波形相似的速度脉冲有可能是由完全不同的频率成分构成（既可以由加速度脉冲积分而成，也可以由加速度时程单侧高频振荡积分而成），同时携带加速度脉冲和速度脉冲的地震动对中长和长周期（1.5～2.5s）结构有显著影响，而非加速度脉冲型速度脉冲记录对（超）长周期（大于 4s）结构影响显著。因此他们通过小波包变换提取出速度脉冲，而后根据能量占比将速度脉冲型地震动继续深入判定，划分为加速度脉冲型和非加速度脉冲型。这是近断层地震动中加速度脉冲首次受到特别关注，为近断层地震动脉冲特性的研究提供了新的视角。

Zhai 等[68]提出了脉冲型地震动的能量判定方法。该方法可以对所有携带速度脉冲的地震动记录进行判定，并未明确针对的是何种效应引起的速度脉冲，应该注意盆地效应、软土场地及液化等也会产生速度脉冲。他们将速度时程离散为多个半圈（half-cycles），根据重要半圈能量占地震动总能量的比值，划分为五种情况对脉冲型地震动进行判定，但无法同时获取如脉冲周期等重要的参数，并且脉冲个数要人为确定。Zhao 等[69]提出了一个基于三角函数和速度穿零点判定脉冲型地震动的方法（ZVPM 方法），也无法获得等效脉冲。

近 20 年来，针对近断层地震动脉冲识别与提取学者们提出了诸多方法，使近断层脉冲型地震动的批量获取以及后续的深入研究成为可能。目前，对于脉冲波形的提取，各种方法多集中于单脉冲情况，多脉冲记录鲜有涉及。另外，绝大多数方法的开发都是基于向前方向性效应引起的速度脉冲，相比之下，针对滑冲效应引起的脉冲研究较为不足，一些方法可以对脉冲型地震动进行判定和提取，但是无法对不同效应引起的脉冲进行深入识别。应该指出，不同的脉冲成因导致不同的脉冲特性，如有学者指出，与向前方向性相比，滑冲效应引起的脉冲潜在破坏作用更大[70]。

1.4 脉冲特性参数统计特征研究

通过前述方法提取出近断层地震动脉冲波形后，各脉冲参数（个数、周期和幅值等）与地震参数（震级、断层、场地条件等）的统计关系可以获得。

1.4.1　脉冲个数与地震参数关系

Somerville 等[16]早在 1997 年即提出近断层地震动中速度脉冲个数与一个断层内的破裂面相关；Bray 和 Rodriguez-Marek 也曾指出一条地震动记录中速度脉冲数与断层滑移分布相关[71]。这充分说明近断层地震动速度脉冲与断层及破裂过程关系密切，可作为地震震源反演的信息使用，而不仅仅是出于结构抗震研究需求[72-74]。

目前对速度脉冲个数确定的研究工作尚不充分。Bray 和 Rodriguez-Marek 通过将脉冲幅值折减 50%作为独立的脉冲个数，他们自己也承认这很主观[71]。Zhai 等[68]提出的脉冲型地震动的能量判定方法给出了多脉冲的判别，而细节性信息不足。

1.4.2　脉冲周期与地震参数关系

在众多研究中比较统一的认识是，速度脉冲周期与矩震级相关，也受场地条件的影响。

近断层地震动速度脉冲周期与矩震级的关系已在众多研究工作中得到证实，各个统计回归公式列于表 1-1。从总体趋势来看，脉冲周期随矩震级的增加而增加，各个统计关系式间的差异来源于脉冲周期的定义和采用数据构成的不同。

一些学者认为近断层地震动脉冲周期与板内地震和板间地震也具有很强相关性[75-80]。Cork 等[78]根据板内地震、板间地震将地震动记录分类进行回归统计发现：在同等矩震级下，板间地震记录的脉冲周期远大于板内地震记录的脉冲周期，这是由于板间地震的应力降一般来讲要低于板内地震。我国台湾学者仅以台湾近断层强震记录分析了脉冲周期与矩震级的关系，认为还是存在地区差异的[41]。

Rodriguez-Marek 和 Bray 于 2006 年针对场地反应对近断层地震动方向性效应脉冲参数的影响进行了较为全面的分析[81]。土层场地的脉冲周期要普遍大于岩石场地记录到的脉冲周期，并且随着输入地震动脉冲周期的增加，土层场地与岩石场地记录到的脉冲周期的比值趋向一致。很多学者根据可以获得的数据资料对不同场地记录到的脉冲周期进行统计回归。矩震级小于 7.2 时，土层场地记录到的脉冲周期明显大于岩石场地的脉冲周期，随着矩震级的继续增加，两类场地的脉冲周期趋向于同一水平。由于脉冲周期的定义不同、采用的数据量不同，各个回归模型有些许差异，但是统计回归的总体趋势是相近的，能够和理论认知相互佐证。

速度脉冲周期与矩震级的关系　　　　　　　　　　　　表 1-1

文献来源	数据量	统计回归公式	
Mavroeidis, Papageorgiou，2003[56]	42	$\lg T_{\mathrm{p}} = -2.2 + 0.4 M_{\mathrm{w}}$	$\lg T_{\mathrm{p}} = -2.9 + 0.5 M_{\mathrm{w}}$ （自相似）
Somerville，2003[75]	27	$\lg T_{\mathrm{p}} = -3.0 + 0.5 M_{\mathrm{w}}$	

文献来源	数据量	统计回归公式	
Alavi 和 Krawinkler，2004[49]	8	$\lg T_p = -1.76 + 0.31 M_w$	
Bray 和 Rodriguez-Marek，2004[71]	54	$\ln T_p = -6.37 + 1.03 M_w$	
Tang 和 Zhang，2011[76]	75	$\lg T_p = -2.18 + 0.38 M_w$	$\lg T_p = -3.02 + 0.50 M_w$ （自相似）
谢俊举等，2012[77]	106	$\lg T_p = -2.53 + 0.446 M_w$	
Cork 等，2016[78]	52	$\lg T_p = -2.36 + 0.42 M_w$ （板间地震） $\lg T_p = -2.90 + 0.50 M_w$ （自相似）	$\lg T_p = -3.47 + 0.53 M_w$ （板内地震） $\lg T_p = -3.29 + 0.50 M_w$ （自相似）

1.4.3 脉冲幅值与地震参数关系

与近断层地震动速度脉冲周期相比，脉冲幅值的影响因素较多，其与断层距和场地条件均相关，但是脉冲幅值与矩震级的关系目前在研究中并未达成共识。

在同等断层距下，土层场地记录到的速度脉冲幅值要大于岩石场地。这是由于近断层地震动作用下，土体反应对长周期信号有放大作用。无论何种场地条件，记录到的脉冲幅值随断层距的增加均有明显衰减。关于近断层地震动脉冲幅值的各个统计回归公式列于表 1-2。多数学者在对脉冲幅值进行统计回归分析时将震级作为影响因素纳入回归公式。部分学者认为脉冲幅值与震级并不具有明显相关性，因此在统计分析中只考虑断层距的影响[78,80]。

获取准确的脉冲参数统计关系有利于近断层区域的地震危险性分析及特定场地下的结构抗震设计等工作开展。目前来看，统计关系仍依赖于数据样本的选取和处理，因此，不同学者的分析结果会存在些许差异。另外，统计工作结果的阐释仍需深入的理论分析佐证，这依赖于地震工程和地震学界对相关问题的深入讨论和研究。目前针对断层类型与脉冲参数关系的讨论依然较少，这二者是近断层脉冲特性不可忽视的影响因素，很值得更多关注。此外，统计分析工作目前主要关注于单一速度脉冲，对于多脉冲记录的研究尚未见到。

速度脉冲幅值统计回归关系式　　　　　　　　　　　　　　　　表 1-2

文献来源	统计回归公式	
Bray 和 Rodriguez-Marek，2004[71]	$\ln \text{PGV} = 4.51 + 0.34 M_w - 0.57 \ln (R^2 + 7^2)$ （岩石场地）	$\ln \text{PGV} = 4.58 + 0.34 M_w - 0.58 \ln (R^2 + 7^2)$ （土层场地）
Tang 和 Zhang，2011[76]	$\lg \text{PGV} = 1.81 + 0.03 M_w - 0.25 \lg R$ （岩石场地）	$\lg \text{PGV} = 1.3 + 0.09 M_w - 0.19 \lg R$ （土层场地）
Cork 等，2016[78]	$\text{PGV} = 626/\sqrt{R^2 + 6.8^2}$ （板间地震）	$\text{PGV} = 648/\sqrt{R^2 + 5.4^2}$ （板内地震）
Halldórsson 等，2011[80]	$\lg \text{PGV} = 2.04 - 0.032R$	

1.5　脉冲特性对结构反应的影响

近断层地震动会很大程度增加临近断层结构的强度和延性需求，造成较大的地震破坏[82-89]。脉冲周期、幅值以及脉冲个数等参数对结构反应的影响较为显著[54,90-95]。速度脉冲对结构反应的放大作用体现在反应谱上，尤其是以脉冲周期（T_p）为中心的单峰曲线，且在 $0.9T_p$ 处放大效应最强，具有显著影响的周期范围为$(0.5\sim2)T_p$[22]。同时，较大的 PGV/PGA 值使得加速度反应谱具有较宽的加速度敏感段，这增加了结构的基底剪力、层间变形和延性需求[87]。对于隔震结构，脉冲特性与其动力响应的相关程度尤为密切[96-102]。长周期、大幅值速度脉冲使隔震支座位移显著增加，造成耗能构件的过早破坏[96-99,101]，对于高阻尼橡胶支座还要考虑其速度相关性在脉冲作用下的表现[102]。有研究表明，基础隔震体系动力响应的最大值与脉冲周期、PGV/PGA 成正相关，其减震率与这两个参数成负相关，脉冲幅值对基础隔震体系的减震效果影响则相对集中，可作为隔震体系的重要评价指标[100]。

近年兴起的自复位结构，因其兼具高耗能、小残余位移的特性而获得大家广泛关注[103-109]。在近断层脉冲型地震动作用下，自复位结构表现为泛旗帜型滞回模型，其弹塑性位移谱随T/T_p值的增大呈现出先增大后减小的趋势，谱峰值对应T/T_p值为1[105,109]。脉冲特性对楼层反应谱也同样具有放大效应[110-111]。当结构周期与脉冲周期相近时，楼层位移反应谱值和加速度反应谱值均明显增大。

针对脉冲个数对结构反应的影响，有研究指出，当脉冲个数为奇数时脉冲对结构反应的影响更为显著[57]。受限于实际地震动中的多脉冲及其相关参数研究的局限，脉冲个数对结构动力响应的影响仍有待深入研究。

由上述分析可知，在近断层地震动输入下，结构的非线性反应主要受制于地震动中的速度脉冲。考虑到速度脉冲的低频特性，仅与幅值相关的参数不足以准确描述近断层地震动的强度，进而强震持时指标也被引入地震危险性分析工作中[112-119]。常用的强震持时指标有一致持时、括号持时和阿里亚斯（Arias）持时[120-123]。一致持时定义为地面运动加速度超出某一固定限值的时长；括号持时是指地面运动加速度第一次和最后一次达到某一固定值的时间间隔；而阿里亚斯持时则为 Arias 强度从 5%积累至 95%的时间间隔[124]。这三个强震持时指标都是基于加速度时程，但是加速度主要影响短周期结构，对于具有低频特性的脉冲型记录，不能准确表征其强度，有必要引入速度时程作为强度指标之一[125-126]。Repapis 等[127]基于 M&P 母波迭代提取"脉冲"，建议以"主要脉冲"持续时间截断记录代替全持时记录进行结构反应分析，但在该方法中，逐次提取的"脉冲"不完全是强震记录中的真实脉冲，"主要脉冲"需要进一步界定，脉冲起止时刻模糊，而且脉冲持时与速度脉冲之间的关系不明确。

1.6 问题提出及本书主要工作

1.6.1 问题的提出

随着人类社会的发展和工程建设活动区域的不断扩展，工程建设已无法完全避开临近断层区域。20 世纪至今发生的多次大地震表明近断层脉冲型地震动对结构有显著破坏作用，与震源破裂过程也密切相关。深入研究近断层地震动脉冲特性对结构抗震设计、地震危险性分析和震源破裂过程联合反演等相关研究都具有重要意义。但是目前的研究尚存在诸多需完善之处：

（1）对于近断层原始强震记录处理，传统分段校正方法通过时间点的优化选取，不能解决获得稳定的地面峰值位移和永久位移的问题。基于信号时频分析的基线校正方法可以在频域内将原始地震动做"解剖"并还原到时域。小波变换和希尔伯特-黄变换等手段在强震记录处理中的发展略缓慢，未被充分研究。

（2）近断层地震动脉冲识别与参数获取中，数学模型是对强震记录速度脉冲的拟合，难以做到准确和自动化判定，诸多参数需要先验给出。最为广泛使用的脉冲定量判定的小波方法，受其数学理论限制无法对多脉冲记录进行有效判别及提取全部脉冲，并且脉冲周期求解受母波选取影响较大。

（3）现有脉冲参数的统计关系主要针对单个脉冲，关于多脉冲的统计特性研究较少。另外，脉冲参数与地震参数关系需要扩展至地震学等相关领域，如断层类型等因素对脉冲参数的影响，也包括震源破裂过程与脉冲特性参数的关系等。

（4）目前被广泛使用的强震持时定义大多基于地面运动加速度时程，不能准确估计近断层脉冲型地震动的强度，有必要引入能够准确反映其脉冲特性的强震持时定义用于结构反应分析。

1.6.2 本书的主要工作

本书对近断层地震动的脉冲特性进行了进一步的研究，具体包括以下内容：

（1）基于希尔伯特能量密度谱分析（HSA）提出了一种全新的近断层强震记录基线校正方法。方法基础是借鉴"靶向治疗"思路，利用 HSA 分析获得地震动主能量频率成分，从而保留地震动记录有效信息，最终获得校正后的强震记录。

（2）通过希尔伯特-黄变换（HHT）实现了近断层脉冲型地震动的量化判别及脉冲波形的提取。该方法引入能量贡献、频率特征两个参数对近断层脉冲型地震动进行判定并初步提取出速度脉冲时程，引入雨流计数法获取理想化速度脉冲，进而获得脉冲周期、脉冲幅值以及脉冲个数等脉冲相关参数。

（3）进行了脉冲特性参数与各地震参数之间关系的回归分析，得到多脉冲参数统计规律，认为脉冲参数与断层类型、构造条件等地质因素有关，并基于断层类型，提出考虑随机效应的统计模型。根据提取出的理想速度脉冲及其位移时程，对向前方向性和滑冲效应引起的脉冲进行区分。

（4）以脉冲持时定义了有效强震持时，发现脉冲持时内可以涵盖近断层地震动主要震动情况和能量累积过程。通过弹性、弹塑性反应谱分析和多自由度结构非线性反应时程分析验证，认为有效持时可替代全持时记录用于结构反应分析。

第 **2** 章

脉冲型强震记录基线校正希尔伯特能量密度谱方法

2.1　引　言

　　近断层地震动携带的显著速度大脉冲会导致较大的地面运动峰值位移（PGD）和地表永久位移。对这类地震动特性的深入研究有利于临近断层长周期结构的抗震设计。然而由于仪器误差、背景噪声、地表倾斜等因素引起的基线偏移，真实的地面运动速度、位移时程很难通过原始加速度记录直接积分获得[28]。因此，原始加速度记录在使用之前必须进行基线校正。传统的滤波方法会损失地震动的低频信息，特别是会将近断层地震动的永久位移消除，影响 PGD 的准确估计。因此有必要发展一种自适应的基线校正方法，以尽可能地还原地震动记录中的真实成分和有效信息。

　　本章在希尔伯特-黄变换（HHT）与希尔伯特能量密度谱分析（HSA）理论的基础上，提出了适合近断层地震动的基线校正 HSA 方法，并对强震记录处理结果进行了对比验证，证明此方法对脉冲型近断层地震动，可以保留地表永久位移信息和获取稳定的 PGD。利用该方法，本章还提取了符合物理意义的基线偏移的时间历程描述。

2.2　希尔伯特能量密度谱分析

2.2.1　希尔伯特-黄变换

　　希尔伯特-黄变换（HHT）是由 Huang 等[128]于 1998 年提出的完全自适应的非线性、非平稳信号时频分析方法。与小波分析相比，HHT 在时域频域分离方面具有优势。由于受到卷积计算的影响，小波分析难以实现时域频域同等分辨率，其在高频段频率分辨率较差，在低频段时间分辨率较差[128-130]，因此，在分析脉冲型强震记录中的低频特性时，小波方法的分辨率受到一定程度的限制。另外，小波分析需要以母波对信号进行拟合，母波的选取对分析结果的影响不可忽视。与之相比，HHT 不受测不准原理制约，关注于信号的局部特性，在求解局部频率时不需要时域上全波的参与，并且在任意时刻频率的分辨率都是稳定的[131-132]。近断层强地震动中的低频速度脉冲在时域上是局部出现的，HHT 在低频段的时域高分辨率恰恰适用于脉冲型地震动的分析。除此之外，HHT 不需要任何先验函数作为母波，针对不同信号进行自适应分解，这克服了小波方法中母波选取造成的不利影响。

　　希尔伯特-黄变换分为经验模态分解（EMD）和对分解得到的本征函数（IMF）进行希尔伯特谱分析两步骤。在信号分析处理中，为了得到有实际物理意义的瞬时频率，函数需要满足对称性、极值点数目与零点数目相等两个条件。由此，黄锷提出本征函数（IMF）的概念：满足极值点数和零点数相等或至多差 1，且局域极大值和局域极小值包络的均值为 0 的函数即为本征函数。本征函数的定义将传统全局性要求转变为局域性条件，从而使瞬时频率的求解不包含由非对称波形引发的不合理振荡。IMF 来源于信号本身，代表了信号自身存在的振荡形式，且在每个循环中以零点来定义的 IMF 只包含一种振荡形式，不存在复杂的骑行波。

经验模态分解（EMD）的目标就是将复杂的非平稳信号分解为多个窄带 IMF 的线性叠加。EMD 采用三次样条曲线对信号的极大值、极小值分别进行上下包络，形成上下包络线，然后求得两包络线之间的均值 m_1，用原始信号 $x(t)$ 减去均值 m_1，得到分量 h_1：

$$h_1 = x(t) - m_1 \tag{2-1}$$

判断此分量是否满足本征函数（IMF）的两个条件，若不满足，将 h_1 作为原始数据重复上述过程获得 h_{11}：

$$h_{11} = h_1 - m_{11} \tag{2-2}$$

最终得到的满足条件的一组数列即为第一个本征函数，记为 c_1：

$$c_1 = h_{1k} = h_{1(k-1)} - m_{1k} \tag{2-3}$$

从原始数据中去除 c_1，得到第一个残余分量 r_1，以 r_1 作为原始信号，再次重复上述过程，直到第 n 个本征函数 c_n，当 r_n 为单调函数或小于某一固定值时，停止该过程。得到的数列 $[c_1, c_2, c_3, \cdots, c_n]$ 即为经验模态分解（EMD）后得到的本征函数序列，其顺序从高频至低频依次排列。以 1979 年 Imperial Valley 地震，EC County Center FF 台站记录为例，其 EMD 分解结果见图 2-1。

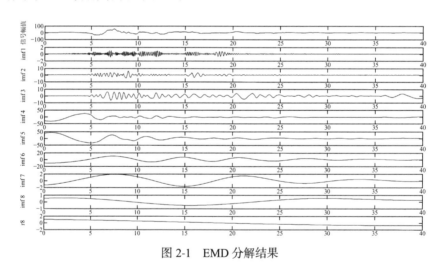

图 2-1 EMD 分解结果

（1979 年加利福尼亚，Imperial Valley 地震，EC County Center FF 台站）

至此，原始信号可以表达为：

$$x(t) = \sum_{i=1}^{n} c_i + r_n \tag{2-4}$$

式中，$x(t)$ 为原始信号；c_i 为第 i 阶 IMF；r_n 为最后残余项。

EMD 分解完成后，即可对分解后的信号进行希尔伯特谱分析（HSA）。对每一阶 IMF 分量进行希尔伯特变换，得到希尔伯特谱，将所有分量的希尔伯特谱叠加即可得到原始信号的希尔伯特谱 $H(\omega, t)$，及其时域-频域离散表达方式。

2.2.2　希尔伯特能量密度谱

通过 EMD 分解，原始信号可以表示为各阶 IMF 的叠加：

$$x(t;\omega) = \sum_{i=1}^{n} c_i(t) = \sum_{i=1}^{n} a_i(t)\cos\theta_i(t) \Rightarrow \sum_{i=1}^{n} a_{i(t)}\cos\left[\int_0^t \omega_i(\tau)\,\mathrm{d}\tau\right] \tag{2-5}$$

式中，t 为时间；ω_i 为频率；$\theta_i(t)$ 为相位函数；箭头指示的是相位函数的频率表达。

原始信号的平方可被视为能量的表征：

$$x^2(t;\omega) = \left[\sum_{i=1}^{n} c_i(t)\right]^2 \Rightarrow \sum_{i=1}^{n} a_i^2(t)\cos^2\left[\int_0^t \omega_i(\tau)\,\mathrm{d}\tau\right] \tag{2-6}$$

式中，各参数含义同上。

Huang 等[128]于 1998 年首次提出希尔伯特谱分析的概念。其原始定义是对信号总能量进行定性描述，而后于 2011 年再次被 Huang 等以时间-频率空间内的能量密度分布进行重新定量化定义，称为希尔伯特能量密度谱（HSA）[133]。在希尔伯特能量密度谱分析中，时间-频率空间被分隔为：

$$t_0, t_0 + \Delta t, \cdots, t_0 + i\Delta t, \cdots, t_{\mathrm{end}};$$
$$\omega_0, \omega_0 + \Delta\omega, \cdots, \omega_0 + j\Delta\omega, \cdots, \omega_{\mathrm{end}}$$

由此可知，

$$t_i = t_0 + i\Delta t \tag{2-7}$$
$$\omega_j = \omega_0 + j\Delta\omega \tag{2-8}$$

至此，以 t_i 和 ω_j 定位的网格的希尔伯特能量密度即可表示为：

$$S_{i,j} = H(t_i, \omega_j) = \frac{1}{\Delta t \times \Delta\omega} H\left[\sum_{k=1}^{n} a_k^2(t):t \in \left(t_i - \frac{\Delta t}{2}, t_i + \frac{\Delta t}{2}\right);\right.$$
$$\left.\omega \in \left(\omega_j - \frac{\Delta\omega}{2}, \omega_j + \frac{\Delta\omega}{2}\right)\right] \tag{2-9}$$

式中，Δt 和 $\Delta\omega$ 分别为时间和频率的划分间隔；a_k^2 为第 k 个点幅值的平方；t_i 和 ω_j 分别为第 i 个时间划分和第 j 个频率划分；n 为该网格内的数据点数量。

与傅里叶谱分析和小波分析不同，在希尔伯特能量密度谱分析中，时间-频率空间被以 $\Delta t \times \Delta\omega$ 均匀划分为 n 个网格，分辨率取决于选择网格的尺寸，与数据总长度和采样频率无关。

时间和频率尺度可以根据需要相互独立、随意选取，但有如下限制：

（1）t_0 和 t_{end} 的选取要在记录整体持时 $[0, T]$ 内。

（2）Δt 不能小于采样时间步。

（3）ω_{end} 应该小于 Nyquist 采样频率 ω_{q}：

$$\omega_{\mathrm{q}} = \frac{1}{2\Delta t} \tag{2-10}$$

将每一个网格的希尔伯特能量密度$S_{i,j}$投影到频率轴（对时间进行积分），即可获得能量密度边际谱：

$$h(\omega_j) = \sum_{i=1}^{N} H(t_i, \omega_j) \times \Delta t = \frac{1}{\Delta\omega} \sum_{k=1}^{m} a_k^2(t) \tag{2-11}$$

边际谱体现的是能量在不同频率尺度上的强度分布。将边际谱对频率再次积分，获得的即为信号的总能量：

$$\int h(\omega_j)\,\mathrm{d}\omega = \sum_{k=1}^{m} a_k^2(t) = 2\sum_{i=1}^{N} x^2(t_i) = 2E \tag{2-12}$$

式中，E为信号总能量；其余所有参数含义同前。

在 HSA 中，时间和频率作为两个独立的变量存在于求解方程中，且瞬时频率值是连续的，即在任意时刻都存在频率的值。这与傅里叶谱分析不同，傅里叶谱仅在分辨率大小整数倍时存在数值。无论是傅里叶谱分析还是小波分析，在频率求解过程中由于采用卷积计算，不能做到时间频率完全解耦。这两种分析方法在确定频率分辨率时都脱离不了采样时间间隔和数据总长度的限制，因此时间分辨率与频率分辨率不能够分别调整并同时达到较高水平。与之相反的是，HSA 是非卷积过程，其频率求解采用差分，时间-频率网格划分与采样间隔和数据总长度没有很强的相关性，且不受不确定性原理制约。时间分辨率与频率分辨率可以自由选取，这使得信号数据点的密度成为一个变量，当将单位转换为能量的密度时，HSA 分析结果拥有明确的物理意义，并与傅里叶谱分析结果存在一个简单的转换关系。HSA 可以更好地关注到信号局域特性，在时域-频域分析中会有良好表现，适合于具有低频特性的近断层脉冲型强地震动的研究。

2.3　基线校正的希尔伯特能量密度谱分析方法

在本章研究中，所有造成基线偏移的原因均被设定为存在于全频域的原始信号中的污染成分，以噪声为统称。原始强震记录可以经 EMD 分解为数阶 IMF 窄带信号，在不同的 IMF 中噪声的相对能量占比不同。根据每阶 IMF 的希尔伯特能量密度谱分析，利用带通滤波可以从轻微污染的 IMF 中提取出未被污染的相对纯净的频率成分。将该提取过程迭代进行，直到无法提取出任何未被污染成分为止，以保证最大限度获得强震记录的相对纯净的频率成分。全部提取出未被污染频率成分后，最终残余信号即为污染严重的频率成分，对此部分以一个简化的分段校正方法进行校正。计算表明，近断层地震动的永久位移是由未污染和被污染两部分共同贡献，且随着分解层数的增加，地面峰值位移（PGD）与永久位移均收敛于稳定值。上述操作可同时获得基线偏移的时间历程，是具有频率变化的符合物理意义的过程。

2.3.1 提取未污染成分

数字化加速度强震仪可以利用事前记忆记录到地面运动的首次到达[28]。虽然 HHT 可以在非零均值情况下进行计算，但在 HSA 基线校正方法中，依然对原始加速度记录的事前部分进行零线处理，即在整个记录中减去事前部分平均值。然后，利用经验模态分解（EMD）初步将零线处理后的信号分解为若干个本征函数（IMF）和一个残余项。

根据 HHT 理论，残余项是数据整体的趋势项，其幅值极小，而信号所有的震荡模式都由各阶 IMF 携带。为了更严格地获取原始记录中的强震动信息，在零线处理后的信号中首先去除初步获得的残余项，形成与地面运动模式更加相关的新信号，对其再次进行 EMD 分解。这次分解后得到的 IMF 是原始记录更加窄带的子信号，被看作各种复杂震动模式的载体，可以对其进行更微观细致的频域处理。

如前文所述，EMD 分解后的 IMF 从高频到低频依次排列，且对于不同的 IMF，其污染程度不同，噪声的相对能量占比也不同。如果某一阶 IMF 只是被轻微污染，该阶 IMF 中真实地震动的能量要比噪声的能量大得多。基于这一物理基础，对每阶 IMF 进行希尔伯特能量密度谱分析，从而确定每个子信号的主能量频带。以集集地震，TCU068 台站东西向记录为例，其各阶 IMF 的希尔伯特能量密度边际谱示于图 2-2。该信号所有 IMF 的时间-频率空间均被自适应地划分为 600×90 的网格。希尔伯特能量密度谱分析的优势即在此显现：时域空间被划分为 90 个网格，每个网格的时间间隔为 1s，如果使用传统的加窗傅里叶变换对这些 IMF 进行分析，那么任意一阶 IMF 的频率分辨率只能达到 1Hz；然而在 HSA 分析中，频率分辨率是完全独立且自适应的。以最大频率为 6Hz 的某一阶 IMF 为例，在同样的时间划分尺度下，频率分辨率可以达到 0.01Hz。若将时间-频率空间划分为更加细密的网格，其分辨率还能够进一步提高，这完全取决于研究人员的需求。更高的分辨率可以使我们获得更准确的能量在时间-频率空间内的分布，从而更合理地确定各阶 IMF 的主能量频带，继而可以更有效地保留与原始强地震动相关的有效频率成分。

图 2-2 所示的能量密度边际谱直观地显示了 IMF 从高频到低频的排序，并清晰地显示了各阶 IMF 的主能量频率范围。各阶 IMF 中潜在的噪声即可通过使用一次 Butterworth 带通滤波器剔除，其转角频率的界限值确定为此阶 IMF 最大能量密度值的 3%。此界限值是基于地震波 95% 能量持续时间的概念确定的。当能量积累到地震动总能量的 5% 时，可以看作强地震动的开始。在基线校正的 HSA 方法中，这个指标被限定得更加严格，因此采用 3% 为界限值。以第 7 阶 IMF 为例，其通过 3% 界限值确定的主能量频带为 0.15～0.65Hz，该阶 IMF 在时间-频率

空间内的能量密度分布以及转角频率见图 2-3。图中清楚地表明几乎所有的强烈震动能量都在选定的频率范围内。采用 Butterworth 带通滤波器分别以 0.15Hz 和 0.65Hz 为上下限进行滤波处理，保留下此阶 IMF 的主要能量频段，而能量极小的与强震动不相关成分则被滤除。所有 IMF 均进行如下滤波处理可获得滤波后的各个频域窄带子信号。

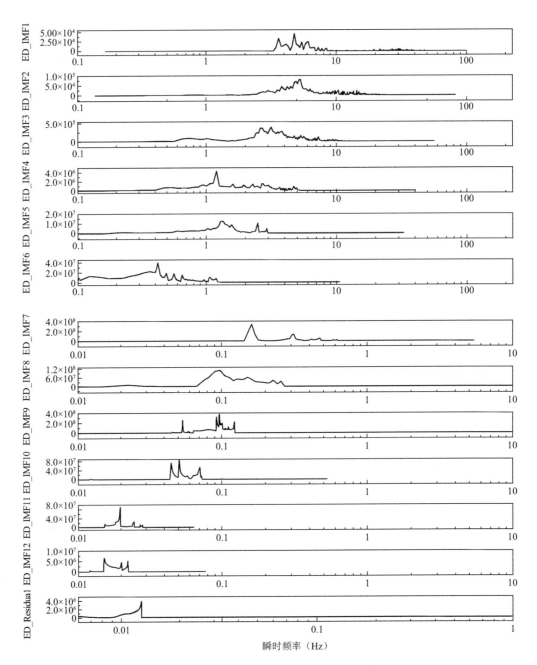

图 2-2　各阶 IMF 希尔伯特能量密度边际谱

（1999 年集集地震，TCU068 台站）

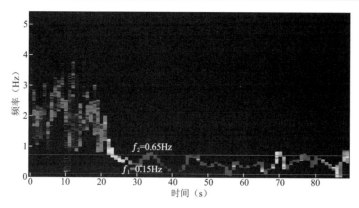

图 2-3　第 7 阶 IMF 时间-频率空间能量密度分布及其转角频率

（1999 年集集地震，TCU068 台站）

对滤波后的各阶 IMF 积分为速度和位移时程，进而判断哪一阶滤波后的 IMF 为未污染频率成分。如图 2-4、图 2-5 所示，如果某一阶滤波后的 IMF，其位移时程尾部在一个稳定水平微小振荡，且速度时程尾部接近于与零轴重合，这阶 IMF 即可被定义为轻微污染。这意味着大部分的噪声隐藏在此阶 IMF 被滤除掉的部分，而保留下来的则是关于地面运动的真实信息，因此对应滤波后获得的窄带子信号可被定义为相对原始地震动的未污染频率成分。

值得注意的是，这一标准与传统分段校正方法中判定强震记录纯净性的标准是一致的。在 HSA 方法中，此判定过程可以通过对位移时程尾部的均值比和标准差两个参数自动检测实现：信号的后 20% 被视为尾部，对位移时程的尾部每隔 5s 计算一次均值，相邻两均值的比值即为均值比，若所有均值比的值均大于 0.97 且小于 1.03，同时其尾部标准差小于 0.1，被保留下的滤波后的子信号即为未污染频率成分，见图 2-4。对于持时小于 50s 的记录，求取均值比的时间间隔可以根据情况进行调整。将所有满足此物理条件的滤波后的 IMF 进行叠加，即为在此层分解中获得的最终未污染成分，如图 2-6 所示（第一层提取）。

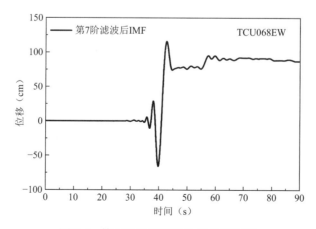

图 2-4　第 7 阶滤波后的 IMF 位移时程

（1999 年集集地震，TCU068 台站）

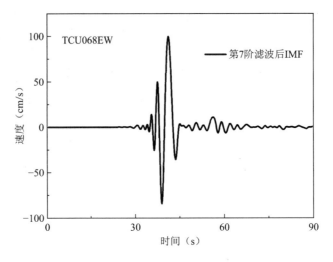

图 2-5　第 7 阶滤波后的 IMF 速度时程

（1999 年集集地震，TCU068 台站）

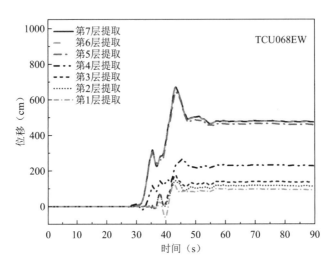

图 2-6　各层提取出的未污染成分位移时程

（1999 年集集地震，TCU068 台站）

　　考虑到强震记录频率成分的复杂性，一次分解提取未必能够获得所有的未污染成分，因此提取过程需要迭代进行，以尽可能多地获得强震记录中的未污染成分。在迭代提取过程中，之前提取的未污染成分都被一并从原始记录（做了事前事件的零线处理）中去除，将保留信号作为下一级信号，以 EMD 重新分解并自动重复这一过程，直到再没有未污染成分能够被提取出，则迭代终止。说明一点，为了避免丢失原始记录中的重要信息，在上一次分解及对应的提取中（对应一次迭代过程），以带通滤波器滤除的频率成分被保留在下一步的"初始"信号中。换而言之，无论在前一次分解中带通滤波器的转角频率的界限值如何选取，前面过程中被滤除的部分在下一层级分解中都会被继续地重新识别。这意味着多层次分解在理论上不会对原始信号造成任何影响。各层级分解获得的未污染成分叠加，即为最终获得的原始记录的全部未污染频率成分。

以 1999 年集集地震，TCU068 台站东西向记录的迭代提取过程为例，见图 2-6。在第 8 层分解中没有满足条件的窄带子信号被提取出，因此迭代提取在第 7 层分解终止。图中显示的每一层提取的未污染成分为前面提取出的所有未污染成分的叠加（包含本层）。由图可见，在第 5 层分解中提取出更多的未污染成分，该层的提取结果对记录永久位移的贡献显著。随着分解层数的增加，更多未污染成分被提取出。

此迭代提取过程是完全自动化的，通过执行迭代提取过程，原始记录中的大量强震动信息被保留在这些未污染成分中。这意味着未污染频率成分与被污染频率成分可以相互分离，从而有可能实现对原始记录的"靶向治疗"。当校正目标为频率构成更加复杂的记录时，此提取过程的价值会更大。传统基线校正方法只关注波形是否合理，而没有关注频率构成，在校正过程中去除的是哪些频率成分未知，有可能是关于地面运动的重要信息而被误抛弃。

迭代提取过程也可以被视为对原始记录的平滑处理。尤其对于频率构成复杂的强震记录，其主要振荡模式都蕴含在提取出的未污染成分中，以集集地震 TCU129 台站东西向记录为例，见图 2-7。这意味着原始记录经提取后的保留部分（被污染成分）足够平滑，在下一步可以被高效处理。仍以 TCU129 台站记录为例，在传统的分段校正方法中，由于其复杂的振荡模式，时间点 t_2 的选取并不唯一，且不同的选择会导致结果出现较大差异[27]。与之相比，在迭代提取过程后，需要被校正的保留信号波形被大大简化，使得时间点 t_2 的选取更加简单和客观，如图 2-8 所示。

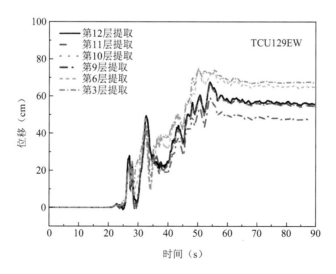

图 2-7　各层提取出的未污染成分位移时程

（1999 年集集地震，TCU129 台站）

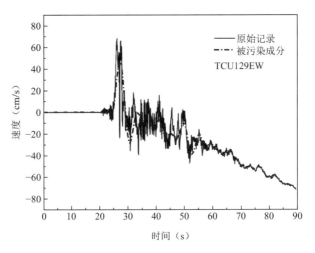

图 2-8　保留被污染成分速度时程

（1999 年集集地震，TCU129 台站）

2.3.2　被污染成分基线校正

当提取出所有未污染成分后，保留信号即为原始记录中被严重污染的部分。组成保留信号的窄带子信号中，噪声的能量与真实地震动能量可能相当，并混合在同一狭窄频域范围中。对此被污染成分的处理得益于迭代提取过程，正如前文所述，由于地震动记录复杂的振动模式蕴含于未污染成分中，留下的污染部分因"极致"的提取过程而"足够"光滑，因此对其基线校正只需要考虑被污染成分的位移时程，过程更加简明，如图 2-9 所示。

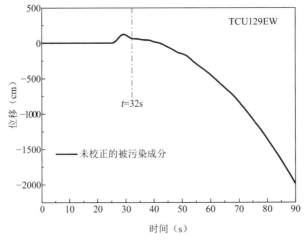

图 2-9　被污染成分位移时程

（1999 年集集地震，TCU129 台站）

对保留的被污染成分信号再次进行零线处理，从全时域信号减去事前部分的均值，进而积分为位移时程，对其进行全自动的分段斜率检测。从信号位移时程的末端开始，向前每 1s 进行一次线性拟合，计算其斜率。斜率符号改变的时刻即为校正时刻。以 1999 年集集地震，TCU068 台站东西向记录为例，见图 2-10，其校正时刻为 43s。

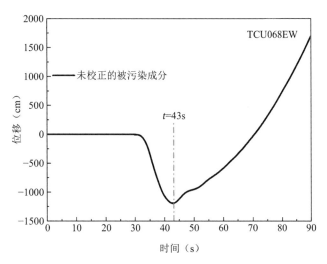

图 2-10　被污染成分位移时程及校正时刻

（1999 年集集地震，TCU068 台站）

选择位移时程从校正时刻到尾端的一段，视为信号基线偏移的部分，以二次函数对其进行拟合。然后将拟合的二次函数微分两次，得到信号加速度时程的基线偏移。从零线调整后的信号的原始加速度时程中减去此偏移值，获得新的加速度时程，将其积分为速度时程，如果该速度时程的尾部围绕零轴振动，最终校正后的污染成分位移时程即可由此速度时程积分获得。另一种可能出现的情况是，速度时程的尾部存在阶梯状抬升，可以根据速度时程过零时刻和加速度时程过零时刻，在加速度时程上进行局部调整。至此，整个校正过程完全由程序自动化执行，没有人为干扰，调整后的加速度时程即为被污染成分校正最终结果，其二次积分可获得由被污染成分产生的永久位移。

这个简化的校正过程不仅可以用于诸如 TCU068 台站记录这种频率构成简单的信号，还可用于频率构成复杂的信号（如 TCU129 台站记录）和长持时地震信号（如汶川地震，MZQ 台站记录）。这个广泛适用性要归功于上一节未污染成分的迭代提取过程：提取出蕴含复杂震动的未污染成分后，则记录被污染成分的时程会足够光滑，很容易确定校正时刻，即可完成校正处理。传统基线校正方法无法处理具有很长尾部的记录（图 2-11），而在本章方法中，可以很容易地找到校正时刻（48s），完成基线校正。

最终，将基线调整后的被污染成分和迭代提取过程获得的未污染成分叠加，即为原始强震记录校正后的结果。以 TCU068 台站记录为例，其校正后的位移时程见图 2-12

（实线），虚线和点划线所示分别为未污染成分和被污染成分贡献的位移。由强震记录校正后积分获得的永久位移与 GPS 台站测得的同震位移非常相近[134]。

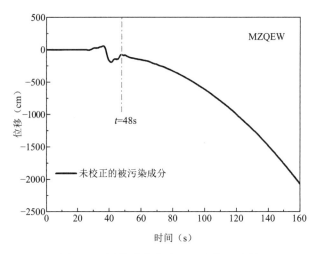

图 2-11　污染成分位移时程及校正时刻

（2008 年汶川地震，MZQ 台站）

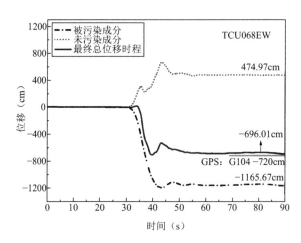

图 2-12　校正后的位移时程

（1999 年集集地震，TCU068 台站）

集集地震中，TCU129 台站记录是频率构成较为复杂的强震记录的代表，此类记录以传统校正方法校正很难获得稳定的 PGD 和永久位移，最终校正后的位移时程见图 2-13。值得注意的是，该条记录被污染成分与未污染成分对最终永久位移的贡献几乎相等。这意味着提取过程不仅可以平滑原始信号，还可以保留大量强震动的重要信息。

汶川地震中，MZQ 台站记录为长持时近断层强震记录的代表。如图 2-14 所示，通过本书提出的基线校正方法，不需任何额外的人为处理即可获得合理的位移时程。

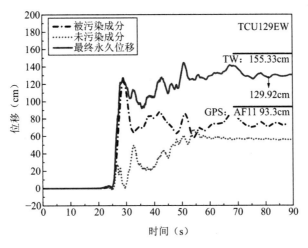

图 2-13 　 校正后位移时程

（ 1999 年集集地震， TCU129 台站 ）

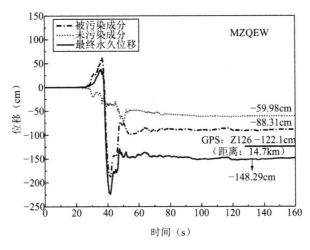

图 2-14 　 校正后位移时程

（ 2008 年汶川地震， MZQ 台站 ）

　　也存在某些特殊记录，由于被污染成分的位移时程尾部仍存在一些往复的复杂震动，图 2-15 （ a ）为集集地震的 TCU075 东西向台站记录，很难根据斜率的符号变化确定校正时刻。对于这些记录，将被污染成分位移时程进行平滑处理，然后根据斜率符号的改变仍可以获得校正时刻。如图 2-15 （ b ）所示，集集地震 TCU075 东西向台站记录，其校正后获得的永久位移与同震位移几乎完全一致。图中虚线所示的未污染成分的位移，几乎贡献了全部记录的永久位移。这再次说明了未污染成分提取过程的重要性。需要说明的是，尽管这些特殊记录的被污染部分的位移时程尾部存在轻微震动，但其仍比原始记录平滑得多。如果尝试对这些简化的信号应用传统两点分段基线校正方法，依然可以更加容易、清楚地获得校正时刻（对应传统分段校正法中的 t_2 ），也会有效降低时间点 t_2 选取的不确定性。

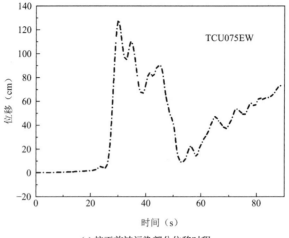

(a) 校正前被污染部分位移时程

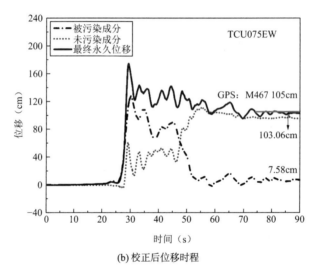

(b) 校正后位移时程

图 2-15 校正前被污染成分位移时程与校正后位移时程

（1999 年集集地震，TCU075 台站）

2.3.3 验证基线校正结果

以 HSA 基线校正方法处理来自集集地震中 5 个台站的 15 条近断层强震记录和来自汶川地震中 2 个台站的 6 条近断层强震记录，将校正后获得的永久位移与传统校正方法获得的结果进行比较[32]。我国台湾地震工程研究中心 2019 年发布的关于近断层地震动的报告中，即采用传统两点分段校正法对原始强震记录进行处理[41]。比较集集地震记录采用该报告提供的结果与采用 Xie 等[135]的汶川地震记录，见图 2-16。图 2-16 中还给出了距离加速度计台站距离最近的 GPS 台站记录到的同震位移[134]。结果显示，HSA 方法得到的结果与传统人工方法校正的结果基本一致，并且更接近同震位移，这证明本书提出的 HSA 基线校正方法可以获得较为准确的永久位移。

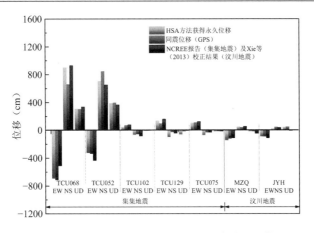

图 2-16　不同方法校正结果及同震位移的比较

　　未污染成分的迭代提取过程是 HSA 方法中至关重要的一步。为了研究分解提取过程，特别是分解层次（迭代次数）是否会对最终校正的位移时程产生影响，尝试在每层提取完成后都执行完整的基线校正过程，在每一层分解均获得一个总位移时程。图 2-17给出了 TCU068 台站记录在每一层提取分解后，继续校正得到的总位移时程。随着分解提取层次的增加，最终结果收敛于一个稳定的水平，尤其在第 5 层分解提取后，永久位移甚至稳定在同一数值。值得注意的是，地面峰值位移（PGD）同样收敛于同一数值。图 2-18 所示为另一个在全时域存在复杂震动模式的记录（TCU129 台站记录）分层校正结果，其永久位移和 PGD 同样呈现出很强的收敛性。这与传统方法不同，在两点分段校正法中，永久位移和 PGD 会根据两个时间点的选取不同出现较大的差异，并且时间点t_1的选取并无统一标准[26]。由图可知，HSA 方法在一次提取分解后即可获得合理的位移时程，但是在此依然坚持迭代提取多次。因为随着分解层数的增加，被视为被污染成分的保留信号更加光滑，这意味着在处理被污染成分过程中，校正时刻（t_2）更易被确定。

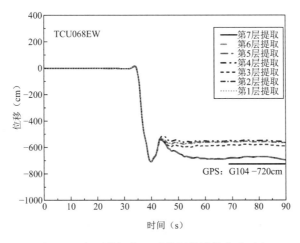

图 2-17　每层分解校正后获得的最终位移时程
（1999 年集集地震，TCU068 台站）

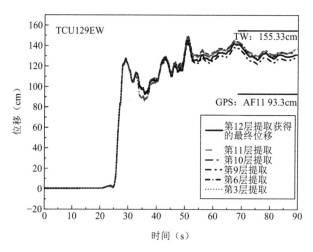

图 2-18　每层分解校正后获得的最终位移时程

（1999 年集集地震，TCU129 台站）

2.4　关于基线校正的两点讨论

2.4.1　基线偏移的时间历程

在基线校正过程中，被视作基线偏移而去除掉的成分有利于对基线偏移的原因进行理论推断，对强震观测技术和仪器的改进也可提供更多的支持。本书提出的基于 HSA 的迭代提取过程，可获得基线偏移的时间历程，也可对基线校正过程中的去除成分做较好的认知。

将 HSA 方法与传统方法得到的基线偏移的加速度时程进行对比，如图 2-19 所示。产生基线偏移的原因有很多，如仪器和背景噪声、仪器倾斜等，无论是何种原因，在物理意义上均应存在一个相对复杂的频率变化。然而，在传统校正方法中，基线偏移被理想化为加速度时程中阶跃函数状的两阶段平台段，这代表了相对简单的频率变化，如图 2-19（粗实线）所示，这与基线偏移原因的分析有些不一致。相比之下，HSA 方法得到的基线偏移则包含了更丰富的频率变化，如图 2-19（细实线）所示。HSA 方法校正过程中，在 30s 左右去除的信号可能与仪器和背景噪声有关。在大约 35s 时，原始记录中出现一个急剧的加速脉冲，如图 2-20 所示，这可能导致仪器明显倾斜，在那里可以捕捉到明显的基线偏移。仪器倾斜大约在 45s 内结束并趋于稳定，记录到的信号围绕倾斜的基线振荡。需要注意的是，在 HSA 方法中，只需要选择一个校正时刻，而与加速度脉冲相关的基线偏移起始时刻在迭代提取过程中被自动检测出，并与传统两点分段基线校正法中的第一个时间点 t_1 一致。这也证明了 HSA 方法的优越性。原始加速度记录和以 HSA 方法校正后的记录的希尔伯特能量密度谱见图 2-21，该图直观地反映了基线校正前后强震记录的频率变化情况。这两个希尔伯特能量密度谱采用的是相同的频率分辨率，可见，HSA 基线校正方法在去除背景噪声的同时可以很好地保留地震动的强震信息。

由此可以看出，基线校正的 HSA 方法可以相对准确地获得原始地震动记录的基线偏移，其频率随时间的变化过程在物理意义上更可靠。通过 HSA 基线校正过程，对原始记录的频率构成进行分解和筛选，从而能够明确在基线校正过程中保留了原始记录的哪些频率成分，也使得被污染成分的校正可以在一个相对已知的频率范围内进行，因此校正结果可以更真实地反映地面运动信息。

原始记录基线校正的精度对获取可靠的速度和位移时程有直接影响，这对近断层地震动脉冲特性的深入研究产生了不可避免的影响。近断层地震动中大幅值速度脉冲的产生与断层破裂过程密切相关，强震记录中速度脉冲的个数即与破裂过程的子事件有关，通过强震记录获得的位移时程可以被用于反演震源过程[136-137]。

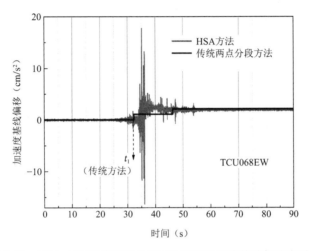

图 2-19　HSA 方法和传统两点校正法获得的基线偏移加速度时程

（1999 年集集地震，TCU068 台站）

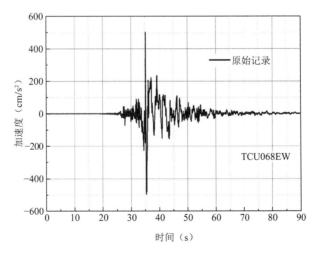

图 2-20　原始强震记录加速度时程

（1999 年集集地震，TCU068 台站）

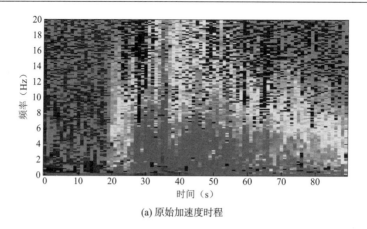

(a) 原始加速度时程

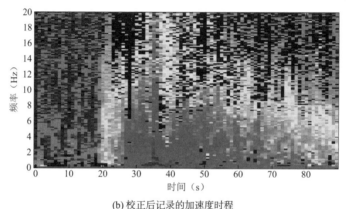

(b) 校正后记录的加速度时程

图 2-21 希尔伯特能量密度谱

（1999 年集集地震，TCU068 台站）

在工程实践中，对于诸如大跨度桥梁和超高层建筑等位于近断层或跨断层的长周期结构，永久位移和地面峰值位移（PGD）对结构响应有重要影响。虽然通过传统基线校正方法可以获得相对合理的永久位移，但由于方法中第一个关键时间点的不同选择所引起的不稳定的 PGD 会影响到地震动记录的后续应用。然而，本书提出 HSA 基线校正方法的基础是强震记录中不同频带的能量密度分布，通过该方法能够获得符合物理意义的基线偏移时程，同时可以自动化获取合理的永久位移和稳定的 PGD。

2.4.2 基线校正过程对反应谱的影响

与加速度反应谱相比，位移反应谱对长周期误差更加敏感[138-141]，因此在本节研究中采用的是相对位移反应谱。以 Wu 等[34]方法作为传统两点分段校正法的代表，美国太平洋地震中心数据库记录代表经滤波处理消除永久位移的记录，计算这两种方法处理后的记录、HSA 基线校正方法调整后的记录以及原始记录 5%阻尼下相对位移反应谱，并进行比较。为了细致比较不同校正方法对结构反应的影响，相对位移反应谱计算的周期取 200s。

以集集地震，TCU052 台站东西向记录为例，见图 2-22。在原始记录位移反应谱发生突然偏移之前（$T = 98s$），经 HSA 校正方法调整后的记录相对位移反应谱与原始记录反应谱吻合较好。然而，经传统方法校正后的记录，其谱值则与原始记录略有差异。尤其周期为 10～20s 时，传统方法校正后，记录的位移响应要大于原始记录。这意味着在传统方法中引入了一些未知的低频误差。这可能与假设加速度时程中的基线偏移是一个形似阶梯函数的两阶段平台段有关。相比之下，本书提出的 HSA 基线校正方法可以较好地再现原始地震动记录的主要频率特征。这也与 HAS 基线校正方法的目的一致，该方法努力保留原始地面运动的重要频率成分，实现对原始强震记录的"靶向治疗"。尽管 Akkar 和 Boore 认为即使是原始的数字加速度数据也能得到 10s 以内的可靠的反应谱值，因此基线校正方法的选取对于结构反应分析没有过多影响[142]，但与原始记录反应谱的高度一致性仍然进一步证明了 HSA 基线校正方法的准确性。

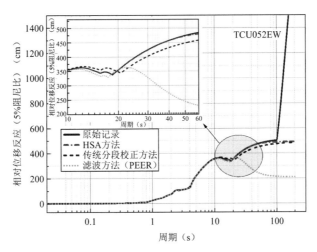

图 2-22　三种校正方法调整后的记录以及原始记录 5%阻尼比下相对位移反应谱
（1999 年集集地震，TCU052 台站）

2.5　本章小结

本章在简要介绍希尔伯特-黄变换和希尔伯特能量密度谱分析理论后，基于希尔伯特能量密度谱分析（HSA）提出脉冲型强震记录基线校正的 HSA 方法，并通过一系列比较验证，证明了该方法的优势。该方法可以通过原始强震记录的有效处理获得台站处地面永久位移，同时获取稳定的地面峰值位移（PGD）和具有物理意义的基线偏移时程。该方法的基础是借鉴"靶向治疗"思路，利用经验模态分解（EMD），将原始记录离散为代表不同频带的窄带信号，而后利用 HSA 分析获得地震动主能量频率成分，经逐层分解和剔除污染频率成分后，先获得地震动记录未污染成分的有效信息，然后校正存在污染的频率成分，二者叠加获得校正后的强震记录。

第**3**章

脉冲型强地震动定量判定
与速度脉冲提取

3.1　引　言

近断层强地震动的脉冲特性对临近断层结构物的破坏作用显著，其大幅值低频速度脉冲使得长周期结构具有很高的延性和强度需求。有效识别近断层脉冲型记录并获取其中蕴含的速度脉冲有助于推进近断层结构的抗震设计等相关课题研究。

本章首先简要介绍了现有脉冲型地震动定量判定方法，而后提出并验证了基于希尔伯特-黄变换（HHT）的判定方法，在此基础上提取出理想速度脉冲并计算脉冲相关参数，此方法对多脉冲情况尤为有效。此外，脉冲型强地震动定量判定与速度脉冲提取的 HHT 方法同时适用于滑冲效应和向前方向性效应引发的脉冲型记录，由于前人方法多关注于向前方向性效应，为了便于比较讨论，本章样本数据库的选取同样侧重于此类记录。

3.2　基于小波变换分析的脉冲判定方法

目前最为广泛采用的脉冲提取分析方法为 Baker[25]于 2007 年提出的小波方法，并基于此衍生出一系列小波类脉冲判定方法。为了便于后续比较，将小波变换理论及小波类方法简述如下。

小波变换分析是基于时域频域转换的成熟的信号处理技术，其包含小波分解与小波重构两个过程。其基函数被称为"母波"，满足正交性、对称性、紧支性以及内插性，一般数学表达式为：

$$\Phi_{s,l}(t) = \frac{1}{\sqrt{s}}\Phi\left(\frac{t-l}{s}\right) \tag{3-1}$$

式中，$\Phi(\cdot)$ 为小波基；s 为尺度缩放因数；l 为时间平移因数。

最常使用的四种母波分别为 Haar 小波、Gaussian 小波、4 阶 Daubechies 小波以及 Morlet 小波，见图 3-1。

任何一个信号经过小波分解均可离散为母波的线性组合，该线性组合的系数被称为"小波系数"，物理意义为对应小波的能量，由下式卷积积分获得：

$$C_{s,l} = \int_{-\infty}^{\infty} f(t)\Phi_{s,l}(t)\,\mathrm{d}t = \int_{-\infty}^{\infty} f(t)\frac{1}{\sqrt{s}}\Phi\left(\frac{t-l}{s}\right)\mathrm{d}t \tag{3-2}$$

式中，$C_{s,l}$ 为小波系数；$f(t)$ 为输入的被分析信号；其余参数同其他。

与傅里叶变换的全域性相比，小波变换在继承其窗口化思想的同时，能够实现时域、频域的进一步分割，且具有自适应性。

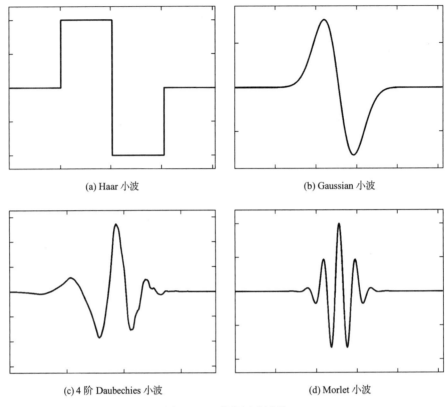

(a) Haar 小波   (b) Gaussian 小波

(c) 4 阶 Daubechies 小波   (d) Morlet 小波

图 3-1   四种常用小波基

Baker 利用小波变换分析，将地震动记录速度时程进行离散重构，对近断层脉冲型地震动提出了定量判定方法，并提取出能量最大的速度脉冲[20]。该方法以 4 阶 Daubechies 小波为母波，对地震动记录进行连续小波变换，提取出小波系数最大的小波，而后通过三个标准判定是否为脉冲波形：

（1）构建脉冲指数（PI）判定提取出的小波对信号总能量占比，当 PI > 0.85 时，该条记录即可被判定为脉冲，当 PI < 0.15 时即为非脉冲。

（2）判定此条记录是否为向前方向性效应引发脉冲记录：脉冲能量累积达到 10% 的时刻早于原始地震动总能量累积达到 20% 的时刻。

（3）原始记录速度峰值大于 30cm/s。

若三个条件均满足，提取出的携带最大小波系数的小波即为地震动中的等效速度脉冲，脉冲周期定义为提取出的小波最大傅里叶幅值对应的周期。这是目前近断层脉冲型地震动研究工作中采用最多的方法。其中，小波系数表征的是相关小波的能量，提取最大系数的小波本质即为找到能量最大的小波。因此，对于多脉冲情况，此方法只能提取出一个能量最大的脉冲。

针对多脉冲情况，Lu 等[26]对 Baker 提出的小波方法进行了改进。他们以 M&P 小波为母波，对原始记录速度时程进行多次提取，获得多个小波，而后以提取出的小波与原始记录的相关程度对小波进行筛选，最终获得的即为一条记录中的全部脉冲。这个方法虽然将小波方法拓展到多脉冲记录，但是脉冲个数与提取次数并不完全相关，且每次提取出的脉冲在时域上相重叠，无法将各个脉冲发生时刻准确定位，如图 3-2 所示。为了克服小波方法存在的弊端，本章将基于希尔伯特-黄变换分析提出一种具有更加广泛适用性的脉冲型强地震动判定及脉冲提取新方法。

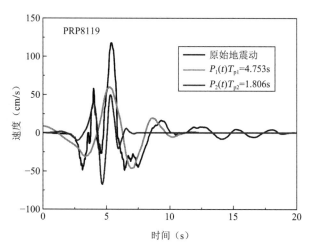

图 3-2　迭代提取方法获得的速度脉冲

（2011 年新西兰，Christchurch 地震，PRP 台站）

3.3　聚合经验模态分解与瞬时频率

第 2 章已经介绍了希尔伯特-黄变换的基本理论：其采用经验模态分解（EMD）将复杂的非平稳信号分解为多个窄带 IMF 的线性叠加，而后对各阶 IMF 进行希尔伯特谱分析。值得注意的是，EMD 由于信号中断有可能存在模态混叠的问题[143]，这会导致信号分解不够彻底。模态混叠是指相近的特征时间尺度分布在不同的 IMF 中，导致相邻的 2 阶 IMF 波形混叠，相互影响。为了克服这个问题，黄锷等于 2009 年提出了聚合经验模态分解（EEMD）。

3.3.1　聚合经验模态分解

EEMD 是在 EMD 基础上引入噪声辅助技术，在测试信号中加入辅助信号白噪声序列，之后对多次分解的 IMF 分量进行总体平均来抵消加入的白噪声序列，降低模态混叠现象造成的影响，从而使得信号分解更加精细。其具体过程如下：

（1）在原始信号中随机引入一组白噪声序列：

$$x_m(t) = x(t) + kn_m(t) \tag{3-3}$$

式中，$x(t)$ 为原始信号；$kn_m(t)$ 为添加的白噪声序列。

（2）将添加白噪声后的信号进行 EMD 分解，获得本征函数 IMF。

（3）再次向原始信号中添加不同的白噪声序列，EMD 分解后得到新的 IMF 集，多次重复上述过程，获得多个 IMF 集合。

（4）所有 IMF 求平均，即为最终分解结果：

$$\bar{c} = \frac{\sum\limits_{m=1}^{N} c_{i,m}}{N} \tag{3-4}$$

式中，$c_{i,m}$ 为第 m 次分解中的第 i 阶 IMF；N 为添加白噪声的总次数。

EEMD 可以提高分解的准确率，使得 IMF 频域划分更加清晰，同时，通过多次分解求平均可以消除引入白噪声的影响。在第 2 章基线校正工作中，EEMD 与 EMD 分解结果对方法效果的影响不大，为了提高计算效率，采用更为简单的 EMD 分解即可满足精度需求，但是在速度脉冲的识别与提取工作中，EEMD 可以提高频率识别精度，因此本章所提出的脉冲判定及提取过程采用的是 EEMD 分解。

3.3.2 瞬时频率求解

瞬时频率的求解在信号分析处理中至关重要。经典波动理论中，瞬时频率由相位函数进行求解：

$$\omega = -\frac{\partial \theta}{\partial t} \tag{3-5}$$

式中，ω 为频率；θ 为相位；t 为时间。

该求解方式是基于波面可以以一个包含时变幅值和相位的缓慢变化的函数来表示：

$$\varsigma(x,t) = R\big[a(x,t)e^{i\theta(x,t)}\big] \tag{3-6}$$

式中，$a(x,t)$ 为时变的幅值；$\theta(x,t)$ 为相位函数。

任何单分量信号即可表示为：

$$x(t) = a(t)\cos\phi(t) \tag{3-7}$$

式中，$a(t)$ 为调幅项（AM）；$\cos\phi(t)$ 为调频项（FM）。

瞬时频率即可通过式(3-5)进行求解。但是存在的问题是不是所有的信号都是单分量信号，尽管通过小波分解或者 EEMD 分解信号可以被分解为单分量信号的集合，找到唯一一对 $[a(t),\phi(t)]$ 也是很困难的。哪怕对一些非常简单的信号，以希尔伯特变换求得的解析信号只是信号正交基的近似，其求解得到的调频项是时间的函数。为了解决这个问题，Huang 等[144]于 2009 年提出了瞬时频率求解的归一化希尔伯特变换（NHT）方法。该方法的重点在于经验 AM-FM 分解，具体过程如下：

（1）对于给定的 IMF，识别到所有最大绝对值。采用绝对值进行拟合可以确保归一化后的 IMF 围绕零轴对称。以三次样条曲线连接所有极值，称之为此 IMF

的第一次经验包络$e_1(t)$，与解析信号（AS）的幅值不同，对于任何真实信号，其极值都是固定的，所以经验包络$e_1(t)$也是固定且唯一的。通过$e_1(t)$对信号进行归一化处理：

$$y_1(t) = \frac{x(t)}{e_1(t)} \tag{3-8}$$

式中，$x(t)$为原始信号；$e_1(t)$为信号的第一次经验包络。

（2）对$y_1(t)$再次求解经验包络，获得$e_2(t)$：

$$y_2(t) = \frac{y_1(t)}{e_2(t)} \tag{3-9}$$

（3）上述过程迭代n次，直到$y_n(t)$的所有值都小于或等于1，迭代结束：

$$y_n(t) = \frac{y_{n-1}(t)}{e_n(t)} \tag{3-10}$$

$y_n(t)$即可定义为原始信号的经验频率调制项（FM），记为$F(t)$：

$$F(t) = y_n(t) = \cos\phi(t) \tag{3-11}$$

$F(t)$是以 1 为幅值的纯净的调频项。确定调频项（FM）后，调幅项（AM）也可获得：

$$A(t) = \frac{x(t)}{F(t)} = e_1(t)e_2(t)\cdots e_n(t) \tag{3-12}$$

原始信号即可表示为：

$$x(t) = A(t) \times F(t) = A(t)\cos\phi(t) \tag{3-13}$$

至此，归一化经验 AM-FM 分解完成，瞬时频率即可求解。

与传统解析信号（AS）相比，AM 包络避免了 AS 中的高频振荡和瞬时过冲，归一化求解过程会更加稳定。本章提出的脉冲提取方法中涉及的频率求解均采用此方法。

3.4　基于希尔伯特-黄变换的脉冲型地震动定量判定及脉冲提取

3.4.1　强震记录样本数据库

在介绍脉冲型地震动定量判定及速度脉冲提取的 HHT 方法之前，先对样本数据库构成做简要介绍。为了便于与其他方法进行比较，本章样本数据库由三部分构成：

第一部分样本为 Baker 等[145]在 2011 年太平洋地震工程研究中心交通研究项目中所采用的 120 条强震记录，考虑小幅值地震动的影响，地面峰值速度（PGV）小于 30cm/s 的记录被去除，留下 64 条强震记录。在这 64 条记录中，一部分记录被 Baker 以小波方法并结合地震信息判定为典型近断层脉冲型地震动，其在垂直断层方向包含大幅值速度脉冲，脉冲周期包含从 0.6～12s 比较宽泛的范围。另外 21 条记录的脉冲特性在交通项目中并没有被深入讨论，但是在本章将被进行判定识别。

第二部分样本采用在前人五种脉冲波形判定方法中存在争议的强震记录[68-69,146-147]。记录的脉冲特性将在本章以 HHT 方法进行详细讨论。为了强调本章提出的 HHT 方法对于多脉冲记录的优势，Lu 和 Panagiotou 在 2013 年提出的多脉冲迭代提取方法中采用的 2 条记录也被纳入样本数据库，以 HHT 方法进行判别及提取多脉冲波形并进行比较。

第三部分样本是为了验证 HHT 方法是否会对非脉冲记录进行误判，8 条典型的远断层非脉冲型记录同样被采入数据库。

最终，本章样本数据共有 92 条强震记录，其具体信息见附表 A.1，包含 40 条典型近断层记录、21 条脉冲特性未进行识别的记录、21 条有争议的记录、2 条典型多脉冲记录和 8 条典型远断层记录。

3.4.2 判定脉冲型地震动 HHT 方法

近断层地震动中的速度脉冲具有幅值大、频率低两个特点，因此，确定一条强震记录是否为脉冲型记录的关键在于识别到原始记录中较大的能量变化是否由低频成分引起。前文已经提到，HHT 变换可以将信号通过 EEMD 分解为 n 阶窄带 IMF，不同 IMF 携带原始信号的不同频率成分，并且按照由高频到低频依次排列。由此可以设想，如果一条强震记录速度时程通过 EEMD 分解获得的 IMF 中存在某一阶 IMF 满足低频且对原始强震信号能量贡献很大，这条记录即可被判定为脉冲型记录。基于此，作者尝试引入两个参数分别对 IMF 的频率和能量贡献进行判定。

地面峰值速度（PGV）和地面峰值加速度（PGA）比值可以表征地震动的频率特征[148-150]。Malhotra[148]于 1999 年曾指出，较高的地面峰值速度（PGV）和地面峰值加速度（PGA）比值意味着在反应谱上会存在一个较宽的加速度敏感区，当 PGV/PGA 小于 0.12 时强震记录可以被划分为高频信号，而 PGV/PGA 大于 0.16 时强震记录即为低频信号。在此，引入 PGV/PGA 作为 IMF 的频率判定参数，记为 r：

$$r = \text{PGV}/\text{PGA} \tag{3-14}$$

式中，PGV 为地面峰值速度；PGA 为地面峰值加速度。

基于 Malhotra 的结论，暂将 r 值大于 0.12 设为频率判定的界限值，而后对计算样本数据库中所有记录的 r 值进行验证。在 Baker 的小波分析方法中，当强震记录的 PI 指数大于 0.85 时，记录可以被判定为脉冲型记录。如图 3-3 所示，除 4 条记录外，其余所有被小波方法判定为脉冲型的记录，其 r 值均大于 0.12。由此可见，将 0.12 作为界限值合理，将其拓展应用于强震记录分解的每一阶 IMF 中：即当一条强震记录 EEMD 分解后获得的 IMF 中，r 值大于 0.12 的 IMF 可被判定为原始记录中存在低频分量。

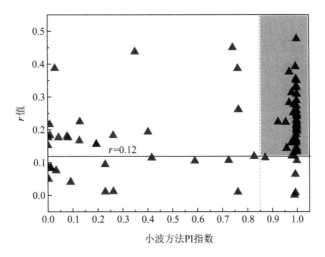

图 3-3　样本数据库强震记录r值

针对能量指标的确定，能量变化可以指示每一阶 IMF 对原始记录的贡献。强震记录的总能量可以用速度平方的积分表示：

$$E = \int_0^t V(t)^2 \, \mathrm{d}t \tag{3-15}$$

式中，$V(t)$为原始强震记录速度时程。

强震记录经 EEMD 分解后的 IMF，从高频分量c_1到低频分量c_n的累积能量可以表示为：

$$E_{c(n)} = \int_0^t (c_1 + c_2 + \cdots c_n)^2 \, \mathrm{d}t \tag{3-16}$$

式中，c_n为第n阶 IMF。

若其为最后一阶 IMF，$E_{c(n)}$与E相等，这意味着总能量是守恒的。

累积能量$E_{c(n)}$占强震记录总能量的比值记为：

$$RE_{c(n)} = \frac{E_{c(n)}}{E} \tag{3-17}$$

式中，各参数意义同前。

为了识别到每一阶 IMF 对于原始地震动总能量的贡献，基于上述推导，引入一阶能量变化$\Delta E_{c(n)}$作为 IMF 的能量贡献指标：

$$\Delta E_{c(n)} = RE_{c(n)} - RE_{c(n-1)} = \frac{\int_0^t c_n{}^2 \, \mathrm{d}t}{E} \tag{3-18}$$

式中，$\Delta E_{c(n)}$为对应第n阶 IMF 的能量变化。

如果一条强震记录中含有大幅值速度脉冲，会由某一阶或某几阶低频 IMF 引发能量突变。$\Delta E_{c(n)}$的最大值可以指示出引发能量变化最大的那一阶 IMF。以记录于 1994 年 Northridge 地震，Jensen Filter Plant 台站的典型近断层强震记录为例：原始记录经

EEMD 分解为 11 阶 IMF，计算每一阶 IMF 的 $RE_{c(n)}$ 和 $\Delta E_{c(n)}$，见图 3-4（a）。$\Delta E_{c(n)}$ 最大值出现在第 6 阶 IMF 为 0.714，这意味着这条强震记录 70% 的能量由第 6 阶 IMF 贡献。由此可见，如果原始记录在狭窄的频率范围内存在一个明显的能量突变，通过最大能量指标即可定位能量突变发生的频带（IMF）。每阶 IMF 对应的速度反应谱见图 3-4（b），产生最大能量突变的第 6 阶 IMF，其速度反应谱在长周期段与原始记录的速度反应谱接近，并远大于其他阶 IMF。显著的能量输入与反应谱表现相关，这意味着第 6 阶 IMF 是原始记录中导致长周期结构最大响应的主要组成部分。

以 1999 年集集地震，TCU095 台站的典型远断层记录为例进行比较。如图 3-5（a）所示，该条记录各阶 IMF 能量分布比较均匀，能量指标 $\Delta E_{c(n)}$ 最大值对应的 IMF 没有引起像前例一样显著的能量突变。由此可见，此条强震记录速度时程中不存在某一窄带频域内的能量突变。这个现象在速度反应谱中同样获得佐证，见图 3-5（b）。

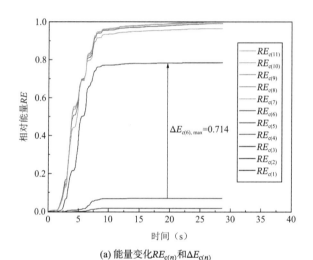

(a) 能量变化 $RE_{c(n)}$ 和 $\Delta E_{c(n)}$

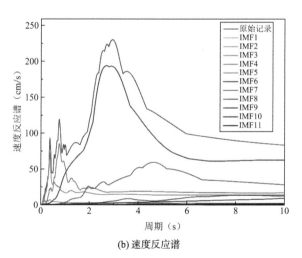

(b) 速度反应谱

图 3-4　各阶能量变化和速度反应谱

（1994 年 Northridge 地震，Jensen Filter Plant 台站）

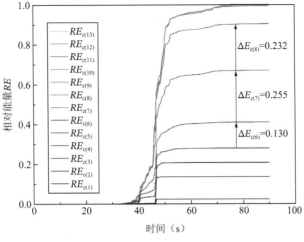

(a) 能量变化$RE_{c(n)}$和$\Delta E_{c(n)}$

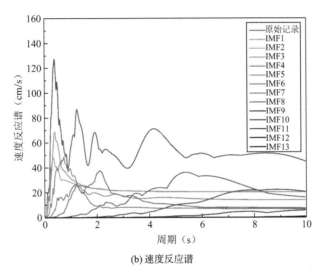

(b) 速度反应谱

图 3-5　各阶能量变化和速度反应谱

（1999 年集集地震，TCU095 台站）

　　通过上述分析可知，如果能量指标$\Delta E_{c(n)}$最大值远大于其他阶 IMF 的能量指标，则表明原始记录中存在窄带频域内的能量突变。为了确定能量指标$\Delta E_{c(n),\max}$的界限值，筛选出肉眼可识别的典型脉冲型记录进行 EEMD 分解并计算能量指标最大值。经计算，当$\Delta E_{c(n),\max}$大于 0.32 时，原始记录中存在窄带频域的能量突变。

　　由此，基于频率参数r和最大能量贡献$\Delta E_{c(n),\max}$两个指标，就可定量判定为脉冲型近断层地震动。该过程的物理含义是识别出强震记录中对原始地震动总能量贡献很大的低频成分。如果原始记录速度时程经 EEMD 分解后，存在某一阶 IMF，其r值大于0.12 且最大能量贡献$\Delta E_{c(n),\max}$大于 0.32，该条记录极有可能携带大幅值速度脉冲，即可被判定为近断层脉冲型记录。

　　基于频率-能量双指标判定结果（HHT 方法）与 Baker 小波方法判定结果共同展示

于图 3-6。在 Baker 小波方法中，当 PI 指数大于 0.85 时强震记录可被判定为脉冲型记录，当 PI 指数小于 0.15 时为无脉冲记录，当 PI 指数介于 0.15～0.85 之间则为模糊判定。如图 3-6 所示，数据库中 40 条典型近断层地震动在两种方法中均被判定为脉冲型地震动。

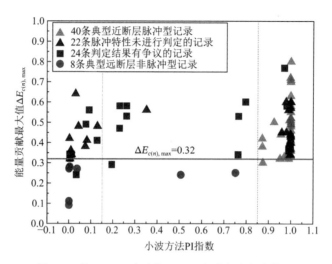

图 3-6　基于 HHT 方法与 Baker 小波方法判定结果

脉冲特性在 PEER 交通地震波选择项目中没有被深入讨论的记录中，有 7 条记录以小波方法判定为非脉冲型（PI 指数小于 0.15），但在 HHT 方法中被判定为脉冲型。其中被判定为近断层地震动的一条记录见图 3-7，包括其原始记录、HHT 方法提取出的脉冲、脉冲周期等。同时也给出了 Baker 小波方法的能量指标最大值以及小波方法获得的 PI 指数，该方法计算 PI 为 0.008，因此被认为是无脉冲记录。实际上，就肉眼观察其脉冲波形是比较明显的。这里只展示结果，具体脉冲提取以及脉冲周期求解过程见下节。

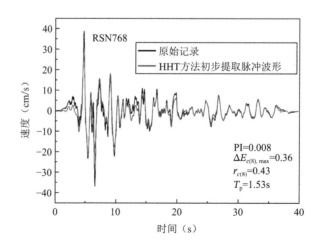

图 3-7　PEER 交通地震波项目中未被深入讨论的记录示例

小波方法中，PI 指数与地面峰值速度 PGV 比值（提取脉冲后残余信号的 PGV 与原始记录 PGV 的比值）和能量比值（残余信号的能量与原始记录能量的比值）相关：

$$PI = \frac{1}{1 + e^{-23.3+14.6(PGV\ ration)+20.5(energy\ ratio)}} \tag{3-19}$$

式中，PGV ratio 为幅值比；energy ratio 为能量比。

如果一条强震记录中存在多脉冲，小波方法仅能提取出其中最大的速度脉冲，残余信号中极有可能携带同样接近于原始记录幅值的脉冲波形，这会导致较大的幅值比和能量比，从而产生较小的 PI 指数，对脉冲型地震动进行误判。图 3-7 的 RSN768 记录就是典型的多脉冲波形。与小波方法相比，以 HHT 方法可以判定出更多脉冲型记录，下一节有更详细的论述。

数据库中在前人方法中脉冲特性判定有争议的记录见表 3-1。在 Zhai 等[68]的能量法中均被判定为脉冲型记录，但是有两条记录在 HHT 方法中被判定为非脉冲型记录。

脉冲特性有争议记录　　　　　　　　表 3-1

NGA RSN	Baker, 2007[25]	Mukhopadhyay 和 Gupta, 2013[146]	Zhao 等, 2016[69]	EM&G 方法[150]	Zhai 等, 2017[68]	HHT 方法
1527	×				√	√
161	×				√	√
1013	×				√	√
180	×				√	√
292	×				√	√
415		×			√	√
825		×			√	√
1054		×			√	√
412		×			√	×
787		×			√	√
174		×			√	√
960			×		√	√
1496			×		√	√
1329			×		√	√
20			×		√	√
168			×		√	√

NGA RSN	Baker, 2007[25]	Mukhopadhyay 和 Gupta, 2013[146]	Zhao 等, 2016[69]	EM&G 方法[150]	Zhai 等, 2017[68]	HHT 方法
1158			×		√	×
1602				×	√	√
558				×	√	√
1054				×	√	√
1493				×	√	√

注：√为脉冲型记录；×为非脉冲型记录。

其中一条强震记录来自 1983 年 Coalinga 地震，Pleasant Valley 台站，见图 3-8。由图可见，原始速度时程中存在一个大幅值的尖刺，为了分析尖刺的频率构成，作者计算了原始记录 EEMD 分解后的每一阶 IMF 的能量指标。其中第 5 阶 IMF（IMF5）和第 6 阶 IMF（IMF6）的 r 值分别为 0.008 和 0.11，对应的能量指标分别为 0.1 和 0.2。如图 3-8 所示，将这两阶 IMF 叠加后即可识别到大幅值尖刺。这意味着尖刺是由能量贡献较大的非脉冲成分引起，可以被视作剧烈的短时高频振荡。以 HHT 方法的出发点来看，速度脉冲是由能量贡献大的低频成分组成，因此短时高频振荡引起的尖刺未被识别为速度脉冲。

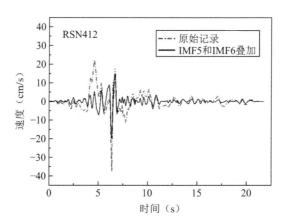

图 3-8　由 IMF5 和 IMF6 引发的尖刺
（1983 年 Coalinga 地震，Pleasant Valley 台站）

另一条记录来自 1999 年 Kocaeli 地震，Düzce 台站。这条记录中存在一个肉眼可见的速度脉冲，但是 HHT 方法并未识别到。该记录能量指标最大值为 0.31，为判定标准的临界点。以小波方法进行识别，其 PI 指数为 0.194，接近于非脉冲记录判定标准，Zhao 等的方法判定结果也为非脉冲型记录。由于在 92 条记录中仅有此一例特例，所以仍采用 0.32 为能量指标的界限值。其余 21 条均被判定为脉冲型的记录，与其他方法相比，HHT 不仅可以进行脉冲型地震动的判别，还能够提取出脉冲波形，进而替代 Baker 提出的小波方法，以两条记录为例示于图 3-9，脉冲波形提取以及脉冲周期计算见下文。

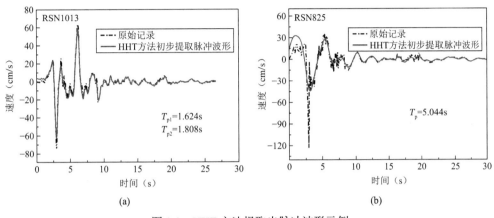

图 3-9　HHT 方法提取出脉冲波形示例

最终数据库记录中有 82 条记录以 HHT 方法判定为近断层脉冲型记录。

综上所述，根据频率参数 r 和能量指标最大值 $\Delta E_{c(n),\max}$ 可以实现近断层脉冲型地震动的判定，物理意义是识别出对原始强震记录总能量贡献最大的低频成分。如果原始记录经 EEMD 分解后，存在某一阶 IMF 其 r 值大于 0.12 并且能量指标最大值大于 0.32，该条记录即可被判定为脉冲型记录。以小波方法判定不出的多脉冲记录可以以 HHT 方法进行判别，同时由于高频振荡以能量法误判的记录也可在 HHT 方法中予以去除。

3.4.3　初步提取速度脉冲波形

在对强震记录进行脉冲特性判定后，以 HHT 方法提取其中的速度脉冲。由于速度脉冲是由对原始记录贡献较大的低频成分构成，因此找到原始记录中满足这两个条件的所有 IMF 即可获得速度脉冲波形。在上一节中，能量指标最大的低频 IMF 被用来识别脉冲型地震动，但是速度脉冲并不一定由某一阶 IMF 单独构成。能够识别到能量指标最大的低频 IMF 只是原始强震记录中可能携带速度脉冲的表征，这阶 IMF 是脉冲波形的重要组成成分但不等同于脉冲全部。

为了尽可能获取更完整的脉冲波形，找到其他对脉冲能量贡献较大的成分是关键。通过反复计算发现，能量指标大于 0.1 的低频 IMF 可以视作速度脉冲的组成成分，其中包含上一节用于判定脉冲型地震动的能量指标超过 0.32 的低频 IMF。在这个能量限制下，筛选出的 IMF 总能量必超过原始记录总能量的 32%，这个能量贡献值与 Chang 等人提出的能量法脉冲判定能量界限值相当，虽然两种方法的理论基础完全不同，却获得了相似的界限值，这表明了界限值确定的合理性。

基于频率参数r大于 0.12、能量指标$\Delta E_{c(n)}$大于 0.1 筛选出所有满足条件的 IMF，叠加后即为初步提取出的"粗糙"的速度脉冲波形。以记录于 1994 年 Northridge 地震，Newhall-W Pico Canyon Road 台站的速度时程为例，对其初步速度脉冲波形提取结果进行展示，见图 3-10。

为了检验方法的稳定性，作者对提取结果的收敛性进行验证。以 HHT 方法判定为脉冲型的强震记录进行速度脉冲的反复提取。将原始强震记录进行 EEMD 分解提取脉冲，以此脉冲波形为目标再次进行 EEMD 分解提取速度脉冲，将脉冲提取程序重复三次，获得三次提取后的脉冲波形。对于近断层记录，三次提取获得的脉冲波形几乎完全重合，无一特例，以 1992 年 Landers 地震，Yermo Fire 台站记录为例，见图 3-11。这种收敛性检验证明了 HHT 方法提取速度脉冲的稳定性。

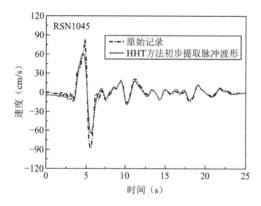

图 3-10　原始强震记录速度时程和以 HHT 方法初步提取出的脉冲波形

（1994 年 Northridge 地震，Newhall-W Pico Canyon Road 台站）

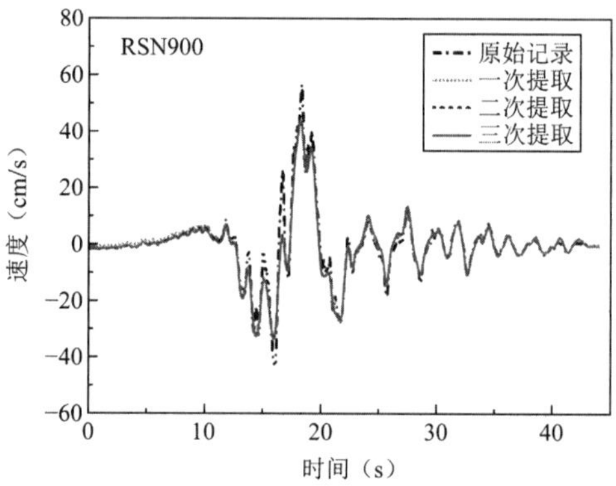

图 3-11　HHT 方法提取脉冲波形收敛性检验

（1992 年 Landers 地震，Yermo Fire 台站）

将 HHT 方法提取的脉冲与小波方法提取结果进行比较，验证方法的准确性。对于所有在小波方法和 HHT 方法中均被判定为脉冲型的强震记录，除三条特例外，两种方法提取出的脉冲波形均相近，以 1979 年 Imperial Valley 地震 El Centro Array #5 台站记录为例，见图 3-12。小波方法的理论基础是基于小波系数提取出能量最大的小波，HHT 方法是识别出对原始记录总能量贡献很大的低频成分，尽管两种方法基于完全不同的数学理论，但以 HHT 方法提取出的主脉冲与小波方法提取的速度脉冲基本吻合。

三条有差异的记录分别来自 1984 年 Morgan Hill 地震 Coyote Lake Dam 台站、1994 年 Northridge 地震 Newhall-Fire 台站以及 1995 年 Kobe 地震 KJMA 台站。三条记录分别以 HHT 方法和小波方法提取出的速度脉冲见图 3-13。这三条记录均包含多个速度大脉冲，但是小波方法只能提取出其中的一个脉冲。对于 1994 年 Northridge 地震 Newhall-Fire 台站的速度时程，以 HHT 方法提取出的第二个脉冲幅值小于小波方法提取出的脉冲，原因与图 3-9 示例相同：大幅值尖刺是由非低频 IMF 贡献（$r = 0.102$）。如果将这阶 IMF 考虑在内，以 HHT 方法提取出的第二个脉冲则与小波方法提取出的脉冲相近，见图 3-13（b）。该条记录的速度反应谱见图 3-14。与小波方法提取结果相比较，在长周期段以 HHT 方法提取出的速度脉冲谱值更大，且更接近原始记录。小波系数是信号局域能量的表征，所以小波系数最大值所在位置即为原始信号总能量最大处。但是以 HHT 方法的观点来看，信号的最大能量是由很多频率成分构成的，近断层速度脉冲仅与低频分量有关。

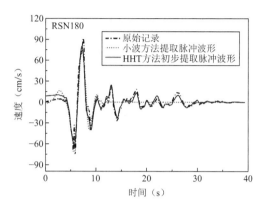

图 3-12　HHT 和小波方法提取出的脉冲波形

（1979 年 Imperial Valley 地震，El Centro Array #5 台站）

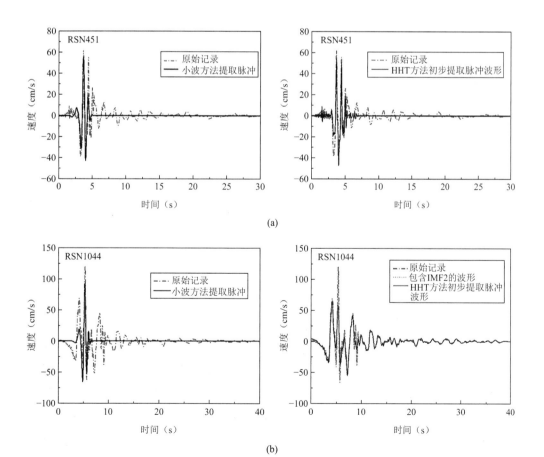

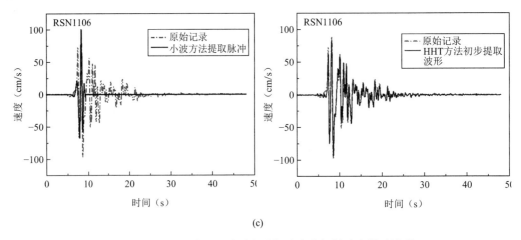

(c)

图 3-13　以 HHT 方法和小波方法提取出的粗糙速度脉冲波形

[（a）1984 年 Morgan Hill 地震，Coyote Lake Dam 台站；（b）1994 年 Northridge 地震，
Newhall-Fire 台站；（c）1995 年 Kobe 地震，KJMA 台站]

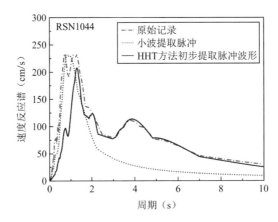

图 3-14　原始强震记录、以 HHT 方法和小波方法提取出的脉冲波形速度反应谱

　　对于多脉冲情况，由于 Baker 的小波方法并不适用于多脉冲记录，因此本节将 HHT 提取出多脉冲结果与 Lu 和 Panagiotou 的迭代提取法提取结果进行比较。对于每一条记录，提取结果整体上相似，但是具体到同一条记录的各个脉冲仍有所不同。以 Christchurch 地震 PRP 台站记录为例进行说明。以迭代提取方法提取出两个速度脉冲，但这两个速度脉冲在时域存在重叠，如图 3-15（a）所示。第一个脉冲和第二个脉冲的主要部分在时域完全重叠，很难将每个脉冲在时域上一一定位。尽管此种方法可以提取出脉冲的整体波形，但是具体到同一条记录中的多个脉冲，无法将它们进行分离。并且，这个问题不能够通过改变母波等方式解决，其脉冲周期的求解还会根据母波的选取变化很大。在迭代提取方法中，脉冲个数与提取次数相关。多次提取还可以被视为对于信号的平滑处理，以迭代提取方法提取出的脉冲并不是记录中携带的真实速度脉冲，例如 Lu 和 Panagiotou 在其文献[26]中提供的 San Fernando 地震 Pacoima Dam 台站记录第二次提取结果。与此相比，在 HHT 方法中，仅有两个固定的参数，提取

过程不需要根据不同条件调整多个参数，操作简明。一次提取即可获得所有脉冲，并且每个脉冲可以准确定位在时域。以 HHT 方法提取出的脉冲定义是明确的，其发生时间历程是清晰的。如图 3-15（b）所示，以 HHT 方法提取出的第一个脉冲和第二个脉冲被识别到了准确的发生时间，分别为 3.12s 和 5.38s，时域内自动定位脉冲方法将在下节进行论述。

自此，对于已判定为脉冲型的强震记录，可以以 HHT 方法进一步提取其中的速度脉冲，提取出的脉冲波形更能够反映近断层地震动速度脉冲的低频特性，且对多脉冲记录尤其有效。提取结果与其他方法进行比较，验证了脉冲波形提取的合理性。

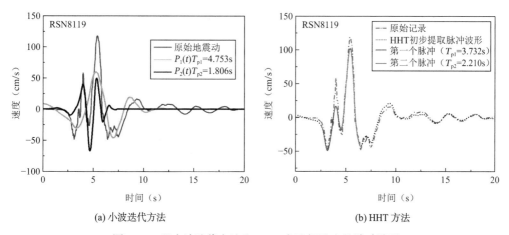

(a) 小波迭代方法　　　　　　　　　　(b) HHT 方法

图 3-15　以小波迭代方法和 HHT 方法提取出的脉冲波形

3.4.4　获得理想速度脉冲及相关参数

对于脉冲型地震动，上一节提取流程中获得的是携带所有脉冲的相对粗糙的速度脉冲波形，以 1984 年 Morgan Hill 地震 Coyote Lake Dam 台站记录为例，见图 3-16。

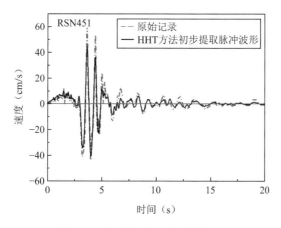

图 3-16　初步提取速度脉冲波形

（1984 年 Morgan Hill 地震，Coyote Lake Dam 台站）

为了将速度脉冲准确定位在时域并自动获取脉冲相关参数，从而对近断层强震记录中的速度脉冲（尤其多脉冲情况）进行更加高效的研究，作者在此引入雨流计数法对初步提取出的脉冲波形进行进一步处理，具体过程如下：

第一步：离散和简化初步提取脉冲波形。

采用雨流计数法将初步提取脉冲波形离散为一系列"雨流计数"部分。雨流计数法是由 Downing 和 Socie 提出的计数方法[151]，主要用于疲劳试验，将实测荷载时间历程离散为一系列荷载循环，以便于进行疲劳估计。为了找到封闭滞回环，应变时程根据其峰值、谷值的出现顺序进行离散化处理，基于此将能量耗散过程与应变峰值时间历程相结合。

为了检测初步提取脉冲波形中能量较大的半圈，引入雨流计数法将脉冲时程根据峰（谷）值进行离散。离散结果构成"雨流计数"部分。通过离散化处理，初步提取脉冲波形可以被离散为若干个封闭和不封闭的雨流计数部分。封闭部分携带相对较少的能量，而不封闭部分则对原始信号能量贡献显著。理论上，为了简化，能量较小的封闭部分可以被去除。但是考虑到地震动的随机性，仍对封闭部分再次进行深入筛选，保留其幅值绝对值大于初步提取脉冲波形峰值绝对值10%的部分，以确保不丢失重要信息，其他部分予以去除。所有被保留的雨流计数部分组合在一起形成了简化的峰（谷）值时程。以图 3-16 中的记录为例，其简化后的峰谷值时程见图 3-17。

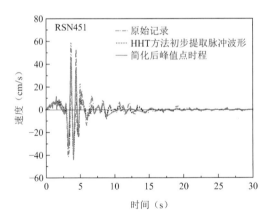

图 3-17　离散简化后的峰谷值时程
（1984 年 Morgan Hill 地震，Coyote Lake Dam 台站）

第二步：获得脉冲波形的有效脉冲峰值。

引入能量判别，对第一步简化后的脉冲波形的峰（谷）值时程进一步筛分，消除掉能量贡献较小的半圈（以零轴为基准），以获得指示脉冲发生时刻的有效峰值。本书取 95%能量持时概念作为能量判别界限值的参考，小于峰（谷）值时程总能量 5%的半圈被界定为无效成分予以去除。以图 3-17 所示峰（谷）值时程为例，对其进行能量筛分，大能量半圈对应的峰（谷）值即被获取，见图 3-18（以点标注），这些点即为可以指示速度脉冲的有效峰（谷）值点。

第三步：获取最终脉冲组成部分。

如图 3-19 所示，将前两步获得的有效峰（谷）值点（标注为五个点）返回到初步提取的脉冲波形，以零轴为基准，在初步提取脉冲波形中找到五个有效峰谷值对应的半圈，五个半圈即为脉冲的主要构成。

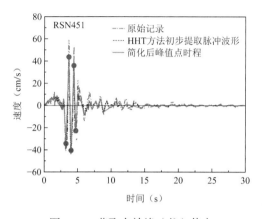

图 3-18　获取有效峰（谷）值点　　　　　图 3-19　脉冲组成成分
（1984 年 Morgan Hill 地震，Coyote Lake Dam 台站）　（1984 年 Morgan Hill 地震，Coyote Lake Dam 台站）

获得脉冲主要组成成分后，在此可对单个脉冲进行明确定义。Makris 等[50]将脉冲划分为 Type A 和 Type B 两种类型。Type A 为单侧速度脉冲，其加速时程为一个正弦波形；Type B 为双侧速度脉冲，其加速度时程为一个余弦波形。基于半圈和整圈来界定单个脉冲的工作由 Veletsos 等[152]更早提出。基于这个概念，本书提出的 HHT 方法中单个速度脉冲也被划分为两种。与前人工作相比，HHT 方法中的半圈是基于真实地震动记录，而其他方法中的半圈来自近似的简谐波形。

第一类速度脉冲：单侧脉冲。此类脉冲只携带一个有效峰值或谷值点，仅由一个以零轴为基准的半圈构成。

第二类速度脉冲：双侧脉冲。此类脉冲由两个连续反向半圈构成，携带一个有效峰值点和一个有效谷值点。

根据这个速度脉冲的定义，图 3-19 中的脉冲波形可被定义为包含三个速度脉冲，前两个脉冲为第二类速度脉冲，最后一个脉冲为第一类速度脉冲。

第四步：获得理想速度脉冲波形。

通过前三个步骤，近断层地震动中的脉冲被准确定位在时域，将初步提取的速度脉冲波形除前三步获得的主要脉冲之外的部分归零，自此，提取出更加纯净和理想化的脉冲波形，记为理想速度脉冲，见图 3-20。理想速度脉冲清晰地展示出各个脉冲发生的时间历程，可以直接用于分析脉冲波形对结构反应的影响。

值得注意的是，以 HHT 方法提取的脉冲可以是不连续的。对于多脉冲记录，其他方法提取出的脉冲无法在时域上相互独立，但是以 HHT 方法提取的速度脉冲是相互独立的，脉冲与其发生、结束时刻一一对应，且通过一次提取过程即可全部获得。以 Northridge 地震 Pacoima Dam 台站记录为例，见图 3-21。在近断层脉冲型记录中共有 27 条记录存在非连续多脉冲。近断层强震记录中速度脉冲可以是非连续的，这个发现更接近于强震记录的真实情况，Somerville[75]认为近断层地震动中脉冲的数量可能由强震破裂过程中的"子断层"破裂数决定。

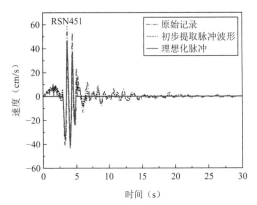

图 3-20　原始强震记录、初步提取脉冲 波形以及理想脉冲

（1984 年 Morgan Hill 地震，Coyote Lake Dam 台站）

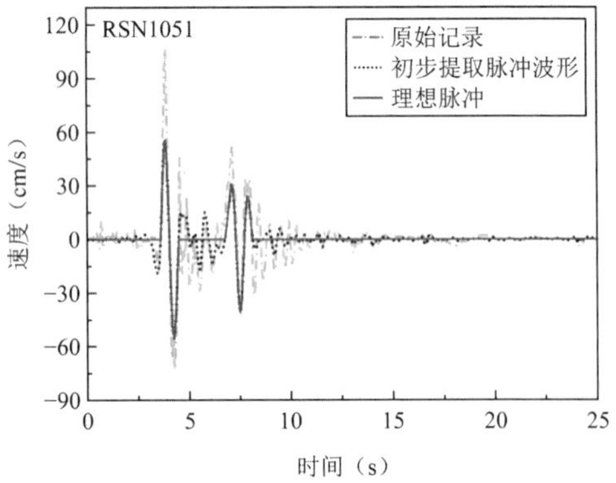

图 3-21　原始强震记录、初步提取脉冲 以及理想脉冲

（1994 年 Northridge 地震，Pacoima Dam 台站）

为了确定速度脉冲理想化处理是否会对结构反应分析产生显著影响，分别计算理想脉冲和初步提取脉冲波形的弹性反应谱及弹塑性反应谱，并进行比较。计算包含加速度谱、速度谱和位移谱，误差指标分别定义为：

$$\text{error\_index}(S_a) = \sqrt{\frac{1}{n}\sum\left(\frac{S_a}{\text{PGA}} - \frac{S_{a'}}{\text{PGA}'}\right)^2} \tag{3-20}$$

$$\text{error\_index}(S_v) = \sqrt{\frac{1}{n}\sum\left(S_v - S_{v'}\right)^2} \tag{3-21}$$

$$\text{error\_index}(S_d) = \sqrt{\frac{1}{n}\sum\left(S_d - S_{d'}\right)^2} \tag{3-22}$$

式中，S_a、S_v 和 S_d 分别为初步提取脉冲波形的谱加速度、谱速度和谱位移；$S_{a'}$、$S_{v'}$ 和 $S_{d'}$ 分别为理想脉冲的谱加速度、谱速度和谱位移；n 为计算周期点个数；PGA 和 PGA′ 分别为初步提取脉冲波形和理想脉冲的地面峰值加速度。

三个误差指标能够指示出理想脉冲和初步提取脉冲波形谱值差异较大的强震记录。由于理想脉冲与初步提取脉冲波形对应的峰值加速度近似一致，即式(3-20)中的 PGA 和 PGA′数值相等，因此式(3-21)、式(3-22)中的谱速度和谱位移同样对应于峰值加速度等于 1.0（任意单位）。这三个误差指标具备内在的一致性。

在加速度、速度和位移反应谱中，误差指标较大的记录是一致的，以速度反应谱为例见图 3-22。由误差指标识别到 4 条理想脉冲与初步提取脉冲波形反应谱值差异较大的记录,其速度反应谱见图 3-23。对于这 4 条误差最大记录,理想脉冲与初步提取脉冲波形的速度反应谱的相似程度也在可接受范围内。

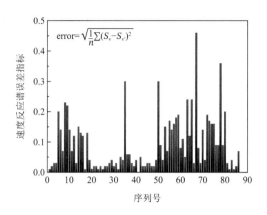

图 3-22 速度反应谱误差指标

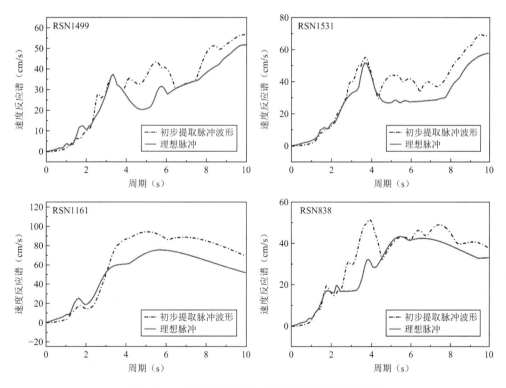

图 3-23 4 条误差指标最大的强震记录速度反应谱

由于在脉冲型强地震动作用下,结构更容易发生非线性破坏,作者对理想脉冲与初步提取脉冲波形的弹塑性反应谱($R = 3$)也进行了计算。对于单自由度系统(SDOF),其弹性反应谱与弹塑性反应谱之间存在关系:

$$S_{p} = \frac{\mu}{R} \times S_{e} \tag{3-23}$$

式中，S_p为弹塑性位移反应；S_e为弹性位移反应；μ为延性系数；R为强度折减系数。

因此，误差指标同样由式(3-20)～式(3-22)计算。

弹塑性位移反应的误差指标见图 3-24。其中 4 条误差指标最大的记录弹塑性位移反应见图 3-25。由图可知，理想脉冲在结构反应分析方面的表现良好，尽管对于误差指标最大的 4 条记录，其理想脉冲与初步提取脉冲波形的弹塑性位移反应差异均处于可接受水平。因此，理想脉冲可以表征近断层脉冲型记录的基本脉冲特性。

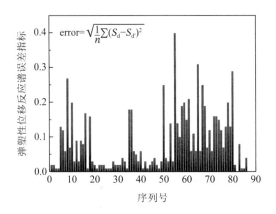

图 3-24　弹塑性位移反应误差指标（$R = 3$）

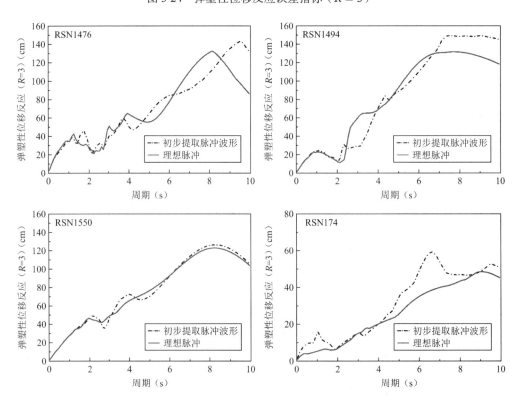

图 3-25　4 条误差指标最大的强震记录弹塑性位移反应

　　自此，基于提取出的理想脉冲，可计算脉冲相关参数。工程抗震关心的诸如脉冲个数、脉冲幅值以及脉冲周期等相关参数可以在提取出理想脉冲的同时一并获得。脉冲个数根据单个脉冲定义，通过检测峰值点个数获得；脉冲幅值即为提取出理想脉冲的幅值；脉冲周期则根据脉冲发生时刻（脉冲峰值点对应时刻）的瞬时频率确定：

$$T_{\mathrm{p}} = \frac{2\pi}{f_{\mathrm{p}}} \tag{3-24}$$

式中，f_{p} 为理想脉冲峰值点对应时刻的瞬时频率，由 AM-FM 法求解。

　　在地震工程界对于近断层地震动脉冲特性的研究中，Bertero 等[6]于 1978 年最早提出脉冲持时（Pulse duration）的概念，认为近断层地震动对结构具有显著破坏性是由于其中存在发生较早，且持时长于结构周期的单个脉冲。而后 Hall 等[5]在相关研究中对脉冲进行解释，并同样采用脉冲持时进行表述。Alavi 和 Krawinkler[48]于 2001 年的工作中首次采用了"脉冲周期"这一概念，并将其定义为一个完整速度脉冲的持时，同时提出结构基本周期与近断层地震动速度脉冲周期的比值对于结构响应影响很大。继而 Menun 和 Fu[52]在其 2002 年的工作中再次采用"脉冲周期"这一表述，并据此对临近断层结构反应进行分析。Makris[8]虽然于 1997 年的工作中曾使用近断层速度脉冲的卓越周期这一概念并认为其等同于脉冲持时，却于 2003 年的工作中也更改为用脉冲周期进行表述[50]。同样，Somerville[75]在 2003 年发表的研究中也采用了"脉冲周期"这一用词。

　　Mavroeidis 和 Papageorgiou[56]在 2003 年针对近断层地震动，发表了在地震工程领域具有深远影响的工作，构建了 M&P 母波，基于此构建速度脉冲解析模型。他们认为"脉冲周期"等同于"脉冲持时"。与前人工作采用简单数学表达不同，Mavroeidis 和 Papageorgiou 基于 Gabor 小波构建专门用于地震动信号分析的 M&P 母波。在母波表达中，主频率（f_{p}）是重要参数。该基于 M&P 母波的速度脉冲解析模型的重要创新之一，是根据输入参数，从物理层面为"脉冲持时"给出客观定义，即主频率的倒数。这是首次以频率表达脉冲周期。

　　Baker[25]于 2007 年首次提出了至今为止最为广泛使用的近断层地震动定量判定的小波方法，在该篇文章中，仍然采用"脉冲周期"这一概念。至此，"脉冲周期"演化为地震工程界的统一表达，并在之后的研究工作中作为术语广泛使用。

　　目前脉冲周期的求解常用方法为 Baker 的小波方法。现将 HHT 方法获得的脉冲周期与小波方法计算的周期相比较，见图 3-26。可见由两种方法计算的脉冲周期类似，HHT 方法求解值整体偏小。以两种方法求解的脉冲周期和相对误差等信息见附表 A.2。

　　为了验证脉冲周期求解的准确性，再次将两种方法求得的脉冲周期与 Mavroeidis 和 Papageorgiou[56]基于 54 条近断层脉冲型记录提出的统计模型进行比较。比较发现，以 HHT 方法求解的脉冲周期与统计模型更加接近，见图 3-27。

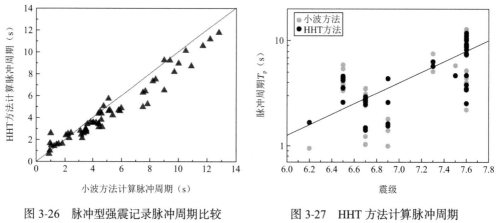

图 3-26　脉冲型强震记录脉冲周期比较　　图 3-27　HHT 方法计算脉冲周期
与 M&P 统计模型比较

至此，近断层脉冲型强震记录可以通过 HHT 方法实现定量判别并自动化提取理想速度脉冲，以及获得相关参数。作为本章的结束及总结，近断层脉冲型强震记录量化判别 HHT 方法的具体流程见图 3-28。

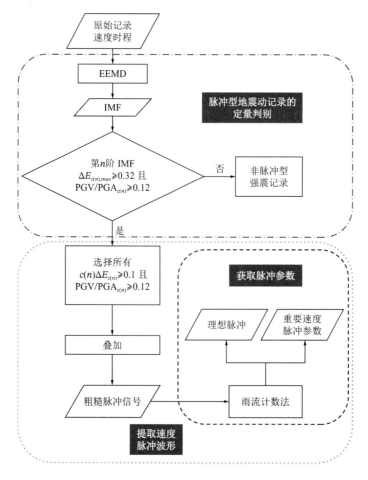

图 3-28　HHT 方法流程图

3.5　本章小结

　　本章基于希尔伯特-黄变换（HHT）理论提出了基于 HHT 的脉冲型地震动定量判定及速度脉冲提取方法。HHT 方法基于地震动真实频谱成分，引入了能量贡献和频率特征两个定量参数，对近断层脉冲型地震动进行判定，通过初步提取出速度脉冲时程并对其进行理想化，进而可清晰地获得脉冲个数、脉冲幅值以及脉冲周期等脉冲特性相关参数。通过与 Baker 小波方法等一系列方法进行比较及验证，证明了 HHT 方法的优势：可以同时获取全部感兴趣的脉冲波形及参数，且多脉冲情况更为有效；避免了其他方法中先验函数、物理假设等的影响。

第 **4** 章

速度脉冲特性与地震参数统计关系研究

4.1 引　言

近断层地震动中速度脉冲与地震震级、断层距以及场地条件等因素有关，深入开展脉冲特性研究和获取准确的脉冲参数与地震参数的统计关系，有利于开展近断层区域地震动模拟及临近断层区结构抗震设计等工作。本章在前一章的基础上，利用获得的理想脉冲波形将脉冲个数、脉冲周期及脉冲幅值进行统计分析，构建了脉冲参数与震级、断层距、场地条件以及断层类型之间关系的数学统计模型。

4.2 考虑随机效应的数学统计模型

鉴于强震记录获得具有随机性，本章首先简要介绍考虑随机效应的数学统计模型。

在某一次地震事件中有可能获得多条脉冲型记录，在另一次地震事件中获取到的记录中可能均不存在速度脉冲，在分析脉冲参数与地震参数间的统计关系时，这种随机性会造成统计中的严重偏差。考虑随机效应的数学统计模型可以解决这种偏差。

Brillinger 和 Preisler[153]于 1985 年提出一种考虑随机效应的数据回归分析方法：

$$\ln y_{ij} = f(M_i, r_{ij}, \theta) + \varepsilon_{ij} \tag{4-1}$$

式中，y_{ij} 为地面运动参数；$f(M, r, \theta)$ 为衰减关系式；M 为地震震级；r 为断层距；θ 为输入模型参数向量；ε_{ij} 为第 i 次地震事件第 j 条记录的统计误差项，假设为正态分布。

此模型关注的是记录整体的统计规律。Brillinger 和 Preisler[153]认为，由于同一次地震事件内部记录之间的关系不甚重要，因此事件间误差项 ε_{ij} 即可被定义为随机效应，但是在一些情况下，仍然需要考虑同一次地震事件记录内部某些数据之间的依赖关系时，事件间误差项则应被视作固定效应。由此 Abrahamson 和 Youngs[154]于 1992 年基于该模型提出同时考虑固定效应和随机效应的混合模型。在此模型中，固定效应参数依旧表征记录整体统计规律，引入的随机效应参数表征局部记录内部统计规律，误差项也被分为事件间误差项和事件内误差项：

$$\ln y_{ij} = f(M_i, r_{ij}, \theta) + \eta_i + \varepsilon_{ij} \tag{4-2}$$

式中，η_i 为第 i 个事件内部的随机效应，其余参数同上。η_i 表征事件内部差异性，为事件内误差项；ε_{ij} 则为事件间误差项。η_i 和 ε_{ij} 被定义为分别以方差 τ^2 和 σ^2 正态分布的相互独立的变量。

采用最大似然估计来求解模型参数 θ、方差 τ^2 和 σ^2。

对于一组正态分布数据，其似然性为：

$$\ln L = \frac{N}{2}\ln(2\pi) - \frac{1}{2}\ln|\boldsymbol{C}| - \frac{1}{2}(y - \boldsymbol{\mu})^{\mathrm{T}}\boldsymbol{C}^{-1}(y - \boldsymbol{\mu}) \tag{4-3}$$

式中，N 为数据点数；C 为协方差矩阵；μ 为预测值向量；y 为观测值向量。

对于考虑随机效应的混合模型，协方差矩阵由下式计算：

$$C = \sigma^2 I_N + \tau^2 \sum_{i=1}^{M}{}^+ \mathbf{1}_{n_i} \tag{4-4}$$

式中，I_N 为单位矩阵；$\mathbf{1}_n$ 为 $n \times n$ 维元素为 1 的矩阵；$\sum^+$ 为直接叠加处理；M 为地震事件数；n_i 为第 i 次事件中强震记录个数。

式 (4-3) 可以简化为：

$$\ln L = -\frac{1}{2}N\ln(2\pi) - \frac{1}{2}(N-M)\ln(\sigma^2) - \frac{1}{2}\sum_{i=1}^{M}\ln(\sigma^2 + n_i\tau^2) -$$

$$\frac{1}{2\sigma^2}\sum_{i=1}^{M}\sum_{j=1}^{n_i}\left(y_{ij} - \overline{Y}_i\right)^2 - \frac{1}{2}\sum_{i=1}^{M}\frac{n_i\left(\overline{Y}_i - \overline{\mu}_i\right)^2}{\sigma^2 + n_i\tau^2} \tag{4-5}$$

式中，

$$\overline{Y}_i = \frac{1}{n}\sum_{j=1}^{n_i}y_{ij} \tag{4-6}$$

$$\overline{\mu}_i = \frac{1}{n}\sum_{j=1}^{n_i}\mu_{ij} \tag{4-7}$$

μ_{ij} 为预测值，$\mu_{ij} = f(M_i, r_{ij}, \theta)$。

对于给定的模型参数 θ 和方差 τ^2、σ^2，随机效应的最大似然解为：

$$\eta_i = \frac{\tau^2\sum_{j=1}^{n_i}y_{ij} - \mu_{ij}}{n_i\tau^2 + \sigma^2} \tag{4-8}$$

最终，方差 τ^2、σ^2 和模型参数 θ 的求解方法总结如下：

（1）使用固定效应模型求解方式（详见 Brillinger 和 Preisler[153]方法）估计模型参数 θ。

（2）在给定 θ 下，以式 (4-5) 估计方差 τ^2、σ^2。

（3）给定 θ、τ^2 和 σ^2 下，估计 η_i。

（4）给定 η_i，使用固定效应模型求解方式对 $(\ln y_{ij} - \eta_i)$ 进行回归，估计一个新的 θ 值。

（5）重复步骤（2）、（3）、（4），直到步骤（2）中的似然性最大。

至此，传统统计回归模型中的误差项被划分为事件间误差和事件内误差两项，无论对于一次地震事件中只记录到一条记录，还是在一次事件中有很多记录，其统计偏差均可通过两项误差参数进行评价。

4.3 速度脉冲特性与地震参数统计关系

本书研究的速度脉冲特性包括脉冲个数、脉冲周期和速度幅值，地震参数则包括震级、断层类型和断层距等。以文献[25]中经小波方法判定出的 91 条脉冲型记录为基础数据库，用 HHT 方法再次判别其脉冲特性，最终获得脉冲型记录，各个记录的地震参数及脉冲特性见附表 B.1。

4.3.1　脉冲个数与地震参数关系

根据脉冲型强震记录判定及理想化脉冲提取的 HHT 方法中对于脉冲个数的定义，获取到各个强震记录中脉冲个数。

统计分析表明，脉冲个数与断层距相关，但与地震震级没有明确的依赖关系，没有清晰的统计趋势，如图 4-1 所示。携带 2 个或 3 个脉冲的地面运动更容易发生在断层距较大的场地，而仅含有 1 个脉冲的记录全部在断层距小于 20km 的场地获得，见图 4-2。Somerville[75]曾指出，近断层强震记录中的脉冲个数与断层破裂过程（子震源）相关。对于断层距较小的场地，断层的滑移分布进程可能不足以在断层中产生多个破裂面，从而引发多个速度脉冲，所以在此种条件下可能更难记录到多速度脉冲。

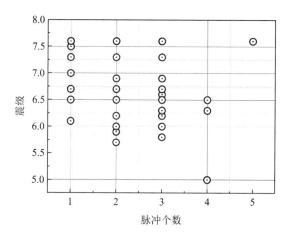

图 4-1　脉冲个数与震级间的关系

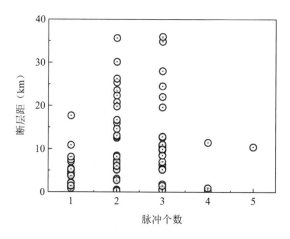

图 4-2　脉冲个数与断层距间的关系

　　多脉冲的出现与断层类型有关。每种断层类型下,携带单个脉冲的记录占比见图 4-3。由于仅有两条脉冲型记录来自正断层,因此这种断层类型在此不纳入讨论。如图 4-3 所示,对于走滑断层,其单脉冲记录占比明显高于逆断层和逆斜断层(reverse-oblique)。Somerville[75]建议,断层中破裂面的数量可以作为强震记录速度时程中半正弦脉冲的个数;Bray 和 Rodriguez-Marek[71]也曾指出,近断层强震记录速度脉冲个数与断层滑移分布过程相关。以诱发自逆斜断层的集集地震为例,一些科研人员利用强震记录对地表运动进行反演[72-73]发现,在断层破裂的最初 10s,地震动能量辐射集中在断层南端,断层类型主要呈现为逆断层,随着断层由南向北延伸,随后的 20s,地震动能量集中在断层的北侧,尽管此时断层破裂形式仍以逆断层为主,但是也同时出现了很强的走滑分量。地震能量辐射具有高度不均匀性,其中主要地震动能量释放被识别到是由多个断层破裂面衍生而来的[77,79]。在工作中提取出的集集地震记录中的多脉冲速度时程与此断层破裂过程吻合。这表明多脉冲记录很大可能是由复杂的断层破裂过程引发的。另外,与走滑断层相比,逆断层和逆斜断层呈现出明显的竖向地面运动特征[155],这有可能激发不同的地震能量释放过程,从而引发更多的速度脉冲。

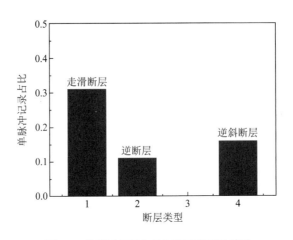

图 4-3　单脉冲记录占比与断层类型的关系

　　对于脉冲个数与场地条件间统计关系的分析,为了避免断层类型的影响,在此采用同一次地震事件中的记录进行统计分析。在集集地震中获取到了很多近断层脉冲型强震记录,其中多脉冲记录也很丰富,获得记录的场地条件分布较广,这为分析场地条件对脉冲个数的影响提供了很好的基础,因此以数据库中集集地震强震记录作为分析样本。

　　如图 4-4 所示,随着 30m 平均剪切波速(V_{s30})的下降脉冲个数呈现增加趋势。这意味着在较软场地更容易采集到多脉冲记录。这个规律与全部数据库 86 条脉冲型记录的统计分析是一致的。同时考虑断层距和场地条件两个因素,发现多脉冲记录更易发生在相对集中的区域，如图 4-5 所示，携带超过两个速度脉冲的强震记录更易发生在V_{s30}为 260～450m/s 之间，断层距在 10～50km 的区域内，随着脉冲个数的增加，这个区域倾向于向更小范围内集中。产生这种现象的原因可能是较软场地会放大近断层脉冲型记录中的长周期成分[71]。在第 3 章介绍的 HHT 方法判定脉冲型地震动过程中，地面速度峰值小于 30cm/s 的记录被去除。因此，土层的放大作用也会使得此类场地条件下，有更多记录被判定为脉冲型记录。

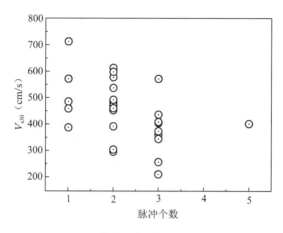

图 4-4　脉冲个数与场地条件的关系

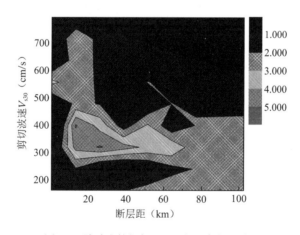

图 4-5　脉冲个数与断层距和场地条件的关系

4.3.2　脉冲周期与地震参数的关系

为了研究同一条强震记录中多个脉冲之间的关系，将一条记录中能量最大的速度脉冲定义为主能量脉冲。理论上讲，该主能量脉冲应该为发生在时域的第一个脉冲，这个推测在图 4-6 中得以证明。在数据库中的所有记录中，发生在时域的第一个脉冲的周期（T_p^1）与其主能量脉冲的周期（T_p^E）接近相同。对T_p^1和T_p^E关系的线性回归以及能表征回归离散性的相关系数同样示于图 4-6 中。

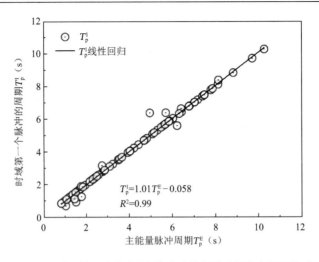

图4-6 时域上第一个脉冲的周期与主能量脉冲周期之间的关系

同一记录中，各个脉冲周期（T_p^n）与T_p^E的关系见图4-7。值得注意的是，除时域上第一个发生的脉冲外，其他脉冲的周期同样与T_p^E近似。时域上第二个、第三个、第四个脉冲周期的线性回归分别在图中以不同线型表示。可以发现，时域上第一个、第二个、第四个脉冲周期线性回归的斜率均接近 1，第三个脉冲周期的分析结果有少许偏差，其斜率为0.79，在回归分析中也处于可以接受的水平。分析表明，在同一条脉冲型记录中，各个脉冲之间周期相差不大，脉冲周期可以用主能量脉冲周期T_p^E表示。

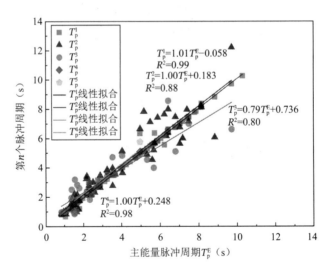

图4-7 各个脉冲周期与主能量脉冲周期之间的关系

如图4-8 所示，主脉冲的能量贡献随脉冲个数的增加而减小。原因是对于多脉冲记录，其大部分能量被分布到多个速度脉冲当中。然而脉冲周期与脉冲个数并没有很强的相关性，见图4-9。尽管在图中，含有 4 个脉冲和 5 个脉冲的记录其主脉冲周期出现了下降，但是考虑到此类强震记录数量的缺乏，这个趋势未被考虑为脉冲周期的统计规律。对于断层距，小于 20km 情况下脉冲周期与其相关性同样较弱，如图 4-10 所示。

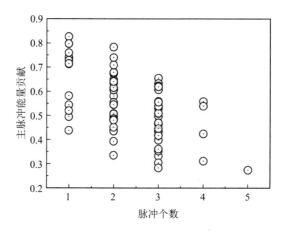

图 4-8　主脉冲能量贡献与脉冲个数的关系

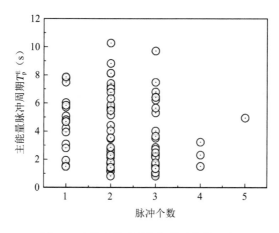

图 4-9　主能量脉冲周期与脉冲个数的关系

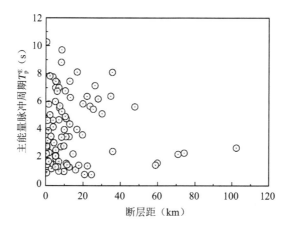

图 4-10　主能量脉冲周期与断层距的关系

但是，主能量脉冲周期与场地条件相关[76,85]。采集强震记录的场地条件被划分为土层和岩石两类，界限值采用 Cork 等[78]的划分标准（$V_{s30} = 464\text{m/s}$）。由于来自 1979 年震级 6.5 级的 Imperial Valley 地震和 1999 年震级 7.6 级的集集地震的记录占比较大，这会引起统计分析中较严重的偏差，因此对于土层和岩石两类场地记录的回归分析均采用考虑随机效应的统计模型进行分析。回归结果分别见式(4-9)、式(4-10)。

$$\lg(T_\text{p}^\text{E}) = -1.48 + 0.286M_\text{w} + \eta_i + \varepsilon_{ij} \quad (\sigma = 0.142, \tau = 0.173)(\text{土层}) \quad (4\text{-}9)$$

$$\lg(T_\text{p}^\text{E}) = -2.57 + 0.438M_\text{w} + \eta_i + \varepsilon_{ij} \quad (\sigma = 0.124, \tau = 0.07)(\text{岩石}) \quad (4\text{-}10)$$

式中，M_w 为矩震级；η_i 为以 τ^2 正态分布的事件内误差项；ε_{ij} 为以 σ^2 正态分布的事件间误差项。

由于样本中震级 5.7 级记录只有一条，因此在统计分析中不予以考虑。同时，为了再次验证脉冲周期与断层距的关系，对样本数据库中断层距 40km 以内的数据重新进行了统计回归分析，获得的统计模型与原样本数据下的结果相差不大，再次表明了脉冲周期与断层距的相关性较弱。

如图 4-11 所示，对于震级小于 7 级的记录，土层记录的主能量脉冲周期要长于岩石场地记录的周期。随着震级的增加，两类记录的脉冲周期逐渐趋于相同水平。这个发现与 Somerville[75]、Bray 和 Rodriguez-Marek[71]、Tang 和 Zhang[76]以及 Cork 等[78]的研究结果是一致的。Cork 等[78]对此给出了物理解释：对于较大震级的地震，其波长往往大于 30m，所以地下 30m 以上的场地情况对脉冲周期影响不大。

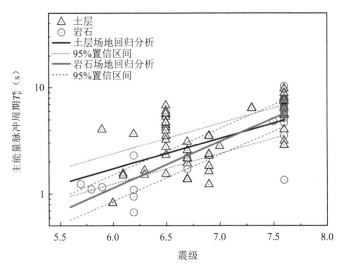

图 4-11　主能量脉冲周期与震级的关系（一）

主能量脉冲周期与断层类型也具有相关性。目前，由于获取到的近断层脉冲型记录仍然有限，因此无法绝对准确地给出脉冲周期与断层类型的关系。但是基于现有记录，还是得出了一些整体性规律。所有记录根据 4 种断层类型进行划分，见图 4-12。由走滑断层引发的地震动记录震级分布较广，并以中等震级（5.7～6.9）居多。相比之下，逆斜断层引发的地面运动多发生于较高震级。在震级大于 6.7 级时，逆斜断层强震记录的主脉冲周期略大于走滑断层记录的脉冲周期。由逆断层产生的地面运动记录多集中于中等震级（6.2～6.7），主能量脉冲周期则处于相对较稳定的水平。只有两条记录来自正断层，考虑到数据量过少，此类断层类型并未纳入统计分析中。需要说明的是，当前可获得的强震记录数量仍不够丰富，统计分析结果及其分析解释后续仍需更多记录进行佐证。

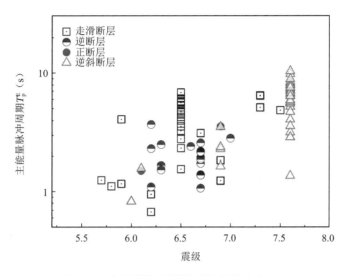

图 4-12　主能量脉冲周期与震级的关系（二）

对来自走滑断层和逆斜断层的脉冲型强震记录进行统计回归分析。值得注意的是，37 条逆斜断层记录只来自 4 次地震事件，且 1999 年震级 7.6 级的集集地震采集到的记录占比 80%。尽管采用了考虑随机效应的统计分析模型，这种样本构成依然引起很大的统计偏差，因此，对来自集集地震的记录再次进行人工筛分。去除断层距大于 20km，速度脉冲幅值小于 30cm/s，或波形极为复杂的记录后，考虑随机效应的统计回归分析得以顺利进行，可以获得此组记录相对可信赖的经验关系。走滑断层记录和逆斜断层记录与震级的统计关系如下：

$$\lg(T_p^E) = -1.744 + 0.327 M_w + \eta_i + \varepsilon_{ij} \quad (\sigma = 0.123, \tau = 0.211) \quad （走滑断层） \quad (4-11)$$
$$\lg(T_p^E) = -3.457 + 0.569 M_w + \eta_i + \varepsilon_{ij} \quad (\sigma = 0.107, \tau = 0.05) \quad （逆斜断层） \quad (4-12)$$

式中，各参数含义同前文。

如图 4-13 所示，走滑断层记录的主能量脉冲周期（T_p^E）随震级增加而平缓上升（实线），同样的趋势也见于逆斜断层记录的主脉冲周期，其上升趋势更加明显，呈现的曲线更加陡峭。

一些学者也曾对脉冲周期与震级的关系进行统计分析并给出统计关系，同样见图 4-13 和表 4-1。由图可见，Alavi 和 Krawinkler[48]提出的模型在大震级情况下估计的脉冲周期比实测值偏小，同样情况也见于 Bray 和 Rodriguez-Marek[71]提出的模型。Tang 和

Zhang[76]提出的模型与本章提出的走滑断层记录的统计模型走势相近，而 Somerville[75]提出的模型走势则与本章提出的逆斜断层记录的统计模型相近。Mavroeidis 和 Papageorgiou[56]提出的模型与本章基于断层类型的统计分析结果吻合良好。该模型在小到中等震级阶段，与走滑断层记录模型几乎完全一致，在大震级阶段则与逆斜断层记录模型相近。这与前文所述研究结果是一致的，即走滑断层更易引发小震级或中等震级地面运动，而逆斜断层则易造成较大震级的地面运动。

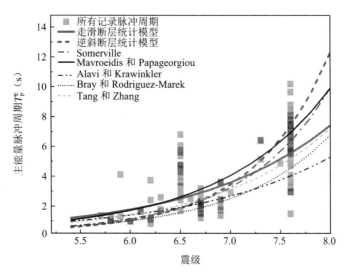

图 4-13　主能量脉冲周期与震级的关系（三）

速度脉冲周期与震级关系　　　　　　　　　　　　　　　　　　表 4-1

文献来源	数据量	统计回归公式	
Mavroeidis 和 Papageorgiou[56]	42	$\lg T_{\mathrm{p}} = -2.2 + 0.4M_{\mathrm{w}}$	$\lg T_{\mathrm{p}} = -2.9 + 0.5M_{\mathrm{w}}$（自相似）
Somerville[75]	27	$\lg T_{\mathrm{p}} = -3.0 + 0.5M_{\mathrm{w}}$	
Alavi 和 Krawinkler[48]	8	$\lg T_{\mathrm{p}} = -1.76 + 0.31M_{\mathrm{w}}$	
Bray 和 Rodriguez-Marek[71]	54	$\ln T_{\mathrm{p}} = -6.37 + 1.03M_{\mathrm{w}}$	
Tang 和 Zhang[76]	75	$\lg T_{\mathrm{p}} = -2.18 + 0.38M_{\mathrm{w}}$	$\lg T_{\mathrm{p}} = -3.02 + 0.50M_{\mathrm{w}}$（自相似）
谢俊举等[77]	106	$\lg T_{\mathrm{p}} = -2.53 + 0.446M_{\mathrm{w}}$	
Cork 等[78]	52	$\lg T_{\mathrm{p}} = -2.36 + 0.42M_{\mathrm{w}}$（板间地震） $\lg T_{\mathrm{p}} = -2.90 + 0.50M_{\mathrm{w}}$（自相似）	$\lg T_{\mathrm{p}} = -3.47 + 0.53M_{\mathrm{w}}$（板内地震） $\lg T_{\mathrm{p}} = -3.29 + 0.50M_{\mathrm{w}}$（自相似）
本书统计模型	86	$\lg T_{\mathrm{p}} = -1.744 + 0.327M_{\mathrm{w}}$（走滑断层）	$\lg T_{\mathrm{p}} = -3.457 + 0.569M_{\mathrm{w}}$（逆斜断层）

4.3.3　脉冲幅值与地震参数关系

如图 4-14 所示，主能量脉冲幅值（PGV^E）与发生在时域的第一个脉冲的幅值（PGV^1）

基本一致。由图4-14可见，第n个脉冲的幅值随着脉冲个数的增加而减小，并且第n个脉冲的PGV^n与主脉冲幅值PGV^E呈线性衰减关系。第二个、第三个以及第四个脉冲的峰值在图4-14中分别以三角形、圆形和菱形表示。其关于PGV^E的线性回归关系如下：

$$PGV^1 = 0.92PGV^E + 2.501 \quad (R^2 = 0.93) \tag{4-13}$$
$$PGV^2 = 0.67PGV^E + 2.26 \quad (R^2 = 0.71) \tag{4-14}$$
$$PGV^3 = 0.56PGV^E - 0.23 \quad (R^2 = 0.79) \tag{4-15}$$
$$PGV^4 = 0.34PGV^E + 4.59 \quad (R^2 = 0.87) \tag{4-16}$$

式中，PGV^E为主能量脉冲幅值；R^2为可决系数。

在所有脉冲型记录中，只有一条携带5个速度脉冲的记录，因此在统计分析中不予考虑。对于多脉冲情况，主脉冲的幅值（PGV^E）随脉冲个数的增加而减小，如图4-15所示。

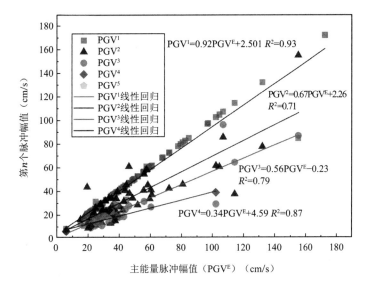

图4-14 第n个脉冲幅值与主能量脉冲幅值的线性关系

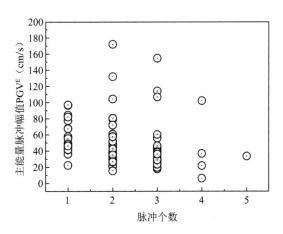

图4-15 主能量脉冲幅值PGV^E与脉冲个数的关系

PGV^E与断层类型相关关系不很明确，如图 4-16 所示，所有来自逆斜断层的记录，其峰值PGV^E随震级的增加变化不大。对于逆断层和走滑断层PGV^E与震级轻微成正相关。回归分析结果如下：

$$\lg(PGV^E) = 1.243 + 0.134M_w - 0.389\lg R \quad (\sigma = 0.12) \quad （逆断层）\qquad(4\text{-}17)$$

$$\lg(PGV^E) = 1.293 + 0.088M_w - 0.282\lg R \quad (\sigma = 0.113) \quad （逆斜断层）\qquad(4\text{-}18)$$

$$\lg(PGV^E) = 0.504 + 0.203M_w - 0.298\lg R \, (\sigma = 0.166) \quad （走滑断层）\qquad(4\text{-}19)$$

式中，M_w为矩震级；R为断层距。

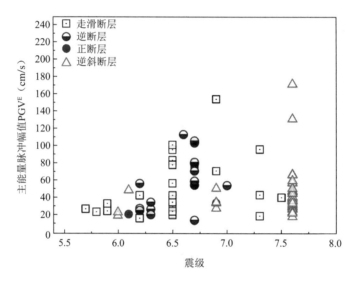

图 4-16　主能量脉冲幅值PGV^E和断层类型与震级的关系

记录再次根据前文标准被划分为土层和岩石两组来分析脉冲幅值与场地条件之间的关系。土层和岩石场地统计回归关系如下：

$$\lg(PGV^E) = 1.51 + 0.05M_w - 0.267\lg R + \eta_i + \varepsilon_{ij} \, (\sigma = 0.142, \tau = 0.079)(土层) \quad(4\text{-}20)$$

$$\lg(PGV^E) = 0.972 + 0.125M_w - 0.284\lg R + \eta_i + \varepsilon_{ij} \, (\sigma = 0.142, \tau = 0.04)(岩石) \quad(4\text{-}21)$$

式中，各参数含义同上。

如图 4-17 所示，由土层场地记录到的主能量脉冲幅值大于岩石场地记录的脉冲幅值。与岩石场地记录相比，土层场地的PGV^E与震级相关性较弱。对于全部记录来讲，随着断层距的增加PGV^E明显下降。

表 4-2 和图 4-18 将本章提出的主能量脉冲幅值统计模型与 Bray 和 Rodriguez-Marek[71]、Tang 和 Zhang[76]，Cork 等[78]以及 Halldórsson 等[80]提出的模型在震级为 6 级以下进行比较。在这些模型中，Halldórsson 等提出的模型没有将震级考虑为影响因素。考虑到本书数据库中几乎所有记录均来源于板间地震，因此在比较中只考虑 Cork 等提出的板间地震记录统计模型。

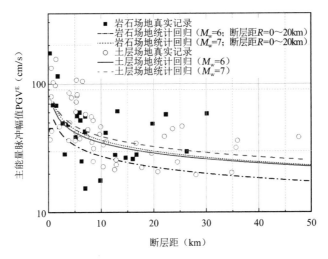

图 4-17　主能量脉冲幅值PGV^{E}与场地条件及断层距的关系

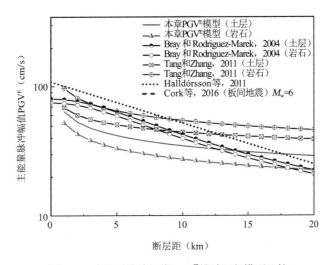

图 4-18　主能量脉冲幅值PGV^{E}统计回归模型比较

　　所有统计模型之间的差异性可能是由选取数据库的不同和脉冲提取方法的不同造成的。本章提出的模型是基于脉冲型强震记录，Tang 和 Zhang 的统计模型采用的记录数量接近于此水平。本章模型中PGV^{E}是指以 HHT 方法提取出的主能量脉冲的地面速度峰值，在一些情况下，它与原始记录的地面速度峰值并不一致，因此，根据PGV^{E}给出的统计结果要略小于其他统计模型。

速度脉冲幅值统计回归关系式　　　　　　　　　表 4-2

文献来源	统计回归公式	
Bray 和 Rodriguez-Marek[71]	$\ln PGV = 4.51 + 0.34M_w - 0.57\ln(R^2 + 7^2)$（岩石场地）	$\ln PGV = 4.58 + 0.34M_w - 0.58\ln(R^2 + 7^2)$（土层场地）
Tang 和 Zhang[76]	$\lg PGV = 1.81 + 0.03M_w - 0.25\log_{10}R$（岩石场地）	$\lg PGV = 1.3 + 0.09M_w - 0.19\log_{10}R$（土层场地）

文献来源	统计回归公式	
Cork 等[78]	$PGV = 626/\sqrt{R^2 + 6.8^2}$（板间地震）	$PGV = 648/\sqrt{R^2 + 5.4^2}$（板内地震）
Halldórsson 等[80]	$\lg PGV = 2.04 - 0.032R$	
本章模型	$\lg(PGV^E) = 0.972 + 0.125M_w - 0.284\lg R$（岩石场地） $\lg(PGV^E) = 1.293 + 0.088M_w - 0.282\lg R$（逆斜断层） $\lg(PGV^E) = 0.504 + 0.203M_w - 0.298\lg R$（走滑断层）	$\lg(PGV^E) = 1.51 + 0.05M_w - 0.267\lg R$（土层场地） $\lg(PGV^E) = 1.243 + 0.134M_w - 0.389\lg R$（逆断层）

4.3.4　脉冲参数与断层类型关系讨论

前述研究表明脉冲周期与脉冲幅值和断层类型有关。图 4-19 将本章提出的走滑断层记录和逆斜断层记录的脉冲周期的统计模型与 Cork 等[78]提出的板间地震脉冲周期统计模型进行比较（在本书数据库中，几乎所有数据均来自板间地震）。

由图 4-19 可见，在小震级和中等震级情况下，走滑断层记录的脉冲周期要大于逆斜断层记录的脉冲周期，对于大震级情况，逆斜断层记录脉冲周期则大于走滑断层记录，且在震级 7.1 级左右，两种断层类型记录的回归曲线相交。Cork 等[78]提出的脉冲周期统计模型在震级小于 7.1 级时与走滑断层记录模型预测值吻合，在震级大于 7.1 级时则与逆斜断层记录模型预测值相近。

Cork 等[78]指出，在同等震级下，板内地震记录的脉冲周期小于板间地震记录脉冲周期，这种差异的主要原因是，与板间地震相比，板内地震的应力降较大。目前，关于断层类型、应力降、震级之间的关系尚无定论，一些研究人员认为与走滑断层相比逆滑断层的平均应力降更大，但当断裂宽度达到某一特定值时，随着断裂宽度的增加应力降减小[156]；相反，一些学者认为这三者之间并没有很明确的关系[157-158]。Cork 等[78]也曾讨论过，应力降的差异可以反映在地面速度峰值（PGV）中。他们的研究工作发现，板内地震记录的PGV要高于板间地震记录，同时脉冲周期会减少。

在我们的研究工作中发现，脉冲幅值与断层类型相关，图 4-20 和图 4-21 为在不同震级下，PGV^{E}与断层距的关系。当震级为 6 级时，逆斜断层记录的PGV^{E}要大于走滑断层记录，但当震级为 7.5 级时，走滑断层记录的PGV^{E}则较大。随着震级的增加，与逆斜断层记录相比，走滑断层记录的PGV^{E}明显增大，但脉冲周期却明显减小。这个变化规律与 Cork 等[78]基于板间地震和板内地震记录的讨论不谋而合。这使我们相信，尽管地震学方面的争议使得关于此问题的讨论难以给出绝对确定性结论，但是我们的分析仍指向了正确的方向。

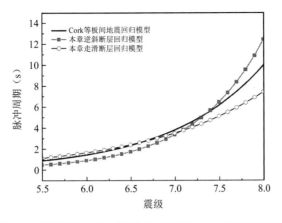

图 4-19　走滑断层和逆斜断层记录脉冲周期统计模型与 Cork 等板间地震记录统计模型

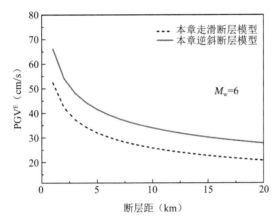

图 4-20　震级 6 级下 PGV^E 与断层距的关系

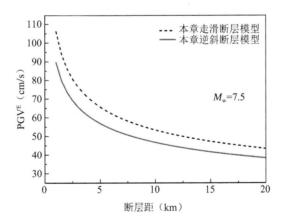

图 4-21　震级 7.5 级下 PGV^E 与断层距的关系

4.4　本章小结

本章基于考虑随机效应的统计分析模型，对近断层速度脉冲相关参数，如脉冲个数、脉冲周期和脉冲幅值进行了统计分析,给出了它们与震级、断层距和场地条件等地震参数的经验统计关系。研究认为:多脉冲的各个脉冲幅值和脉冲周期之间具有很好的线性统计关系,脉冲个数与断层类型、断层距和场地条件等因素有关;主能量脉冲周期与断层类型有关,在矩震级大于 7 级条件下,逆斜断层具有更高的脉冲周期值;主脉冲幅值与断层类型同样具有一定联系。

第 **5** 章

基于速度脉冲的近断层地震动 有效强震持时

5.1　引　言

强震持时是定义地震动强度的重要指标[114-119]，通常认为它与结构的低周累积疲劳损伤过程联系密切[159]。常用的强震持时定义多基于记录的加速度时程，而近断层地震动对结构的强烈破坏作用更多是由于其携带低频、大幅值的速度脉冲引起，基于加速度时程的强震持时定义不能准确体现此类地震动强度特征。因此，有必要提出一种考虑速度脉冲的近断层地震动强震持时定义，来充分体现脉冲型地震动的特性及准确评估结构的反应情况。

本章首先提出一个考虑速度脉冲的近断层地震动有效强震持时定义，分别以单自由度结构体系的弹性和弹塑性反应谱进行了对比验证，而后基于三个各 3 层、9 层和 20 层抗弯钢框架模型的非线性反应时程分析，分别以有效强震持时对应的"部分近断层地震波"和全部持时的"完整近断层地震波"为输入，进一步进行了比较及验证。

5.2　利用理想速度脉冲获得有效强震持时

5.2.1　定义有效强震持时

在基于 HHT 理论提取出近断层强震记录中所有理想速度脉冲后发现，近断层脉冲型地震动的大部分能量是由其携带的大幅值、低频速度脉冲释放的，因此可以认为脉冲持时内包含了强震记录的主要震动情况和能量变化，可作为原始近断层地震动的新的强震持时的定义，这里称为有效强震持时。

以 3 条典型脉冲型记录为例进行讨论，分别代表单脉冲记录、连续多脉冲记录和间隔多脉冲记录，其速度时程和能量累积过程见图 5-1～图 5-3。由于能量累积过程与结构反应密切相关，因此在图中，将脉冲持时与能量通量（Energy flux）累积历程进行比较。

单脉冲持时定义为以 HHT 方法提取的理想脉冲的起始时刻至终止时刻的时间间隔。以 1992 年 Cape Mendocino 地震 Petrolia 台站记录为例，图 5-1（a）所示为原始强震记录速度时程和提取出的理想速度脉冲时程，可见脉冲持时内包含了强震记录中最主要的震动情况，在图 5-1（b）所示的能量累积曲线中，脉冲持时对应的也是能量积累最迅速的阶段。图中也标识出了该条记录的能量通量从 5% 积累到 95% 的时间间隔（15s），与之相比，脉冲持时成倍缩短（3.16s），但其包含的能量累积达到总能量的 80%。

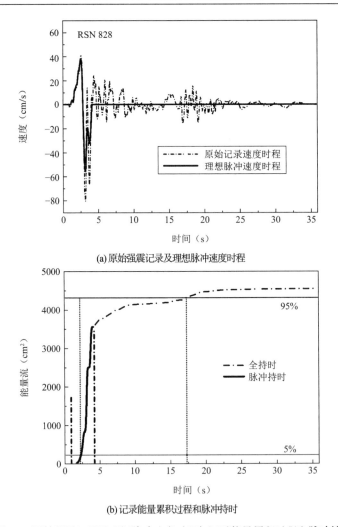

(a)原始强震记录及理想脉冲速度时程

(b)记录能量累积过程和脉冲持时

图 5-1   原始强震记录及理想脉冲速度时程与记录能量累积过程和脉冲持时

（1992 年 Cape Mendocino 地震，Petrolia 台站）

对于连续多脉冲情况，脉冲持时定义与单脉冲情况类似，采用理想速度脉冲时域第一个脉冲的起始时刻至最后一个脉冲的终止时刻的时间间隔，以 1984 年 Morgan Hill 地震 Coyote Lake Dam 台站记录为例，见图 5-2（a）。如图 5-2（b）所示，该条记录的脉冲持时几乎涵盖了全部能量快速增长阶段，时间间隔只为能量通量从 5%积累至 95%时长的一半（1.93s）。

对于间隔脉冲记录，以 1994 年 Northridge 地震 Pacoima Dam 台站记录为代表，示于图 5-3。经 HHT 方法提取出两组时域上相间隔的脉冲，两组脉冲持时刚好分别涵盖了能量累积曲线上两个快速增长阶段。与前两种速度脉冲的持时定义相统一，仍将时域第一个脉冲的起始时刻至最后一个脉冲的终止时刻的时间间隔定义为此类记录的脉冲持时。由图 5-3 可知，脉冲持时内涵盖了原始地震动 90%的能量变化，时间间隔接近但略小于能量通量从 5%积累至 95%的时长。

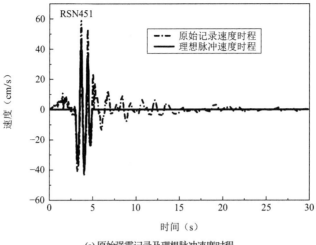

(a) 原始强震记录及理想脉冲速度时程

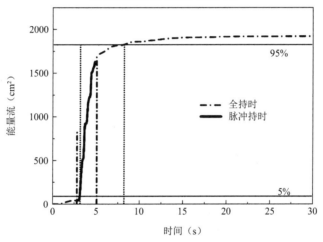

(b) 记录能量累积过程及脉冲持时

图 5-2　原始强震记录及理想脉冲速度时程与记录能量累积过程及脉冲持时

（1984 年 Morgan Hill 地震，Coyote Lake Dam 台站）

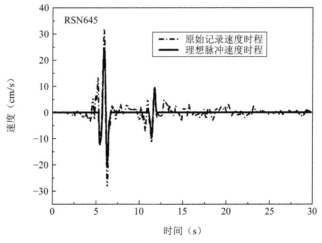

(a) 原始强震记录及理想脉冲速度时程

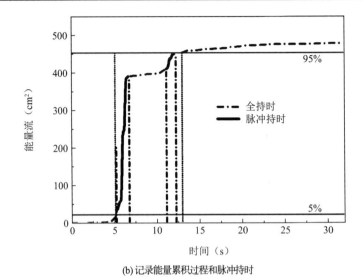

(b) 记录能量累积过程和脉冲持时

图 5-3　原始强震记录及理想脉冲速度时程与记录能量累积过程和脉冲持时

（1994 年 Northridge 地震，Pacoima Dam 台站）

　　由以上分析可知，脉冲持时体现在速度时程上，可以包含原始记录的主要大能量震动情况，体现在能量累积过程上，可以涵盖地震动中的主要能量变化，在此暂被定义为原始记录的等效强震持时，并在后续章节进行验证。

　　与一致持时、括号持时和 Arias 持时等传统的基于加速度时程的持时定义不同，脉冲持时是基于速度时程，体现了近断层地震动的脉冲特性，更加明晰了地震动强度与速度脉冲间的关系。Repapis 等[127]也曾对近断层强震记录的脉冲持时进行研究，在这项工作中，脉冲持时的界定与本书不同。他们基于小波迭代提取方法，在原始强震记录中提取出多个小波，通过一系列指标找出最重要小波，以该重要小波的持时作为近断层地震动的持时指标。由于方法限制，该工作无法直接获得清晰的速度脉冲，需要附加程序来寻找重要小波，且小波与脉冲概念区分不清晰，在识别到重要小波后，脉冲起始与终止时刻依然界定模糊。而本书提出的脉冲持时定义和对应的近断层地震动有效持时概念，是基于 HHT 方法真实提取出的可逐一定位在时域的脉冲，其脉冲概念清晰，发生与停止时刻明确。

　　以 1979 年的 Imperial Valley-06 地震，El Centro Array #10 台站的速度时程为例，对本书提出的脉冲持时与 Repapis 持时进行比较，示于图 5-4。从速度时程上看，脉冲持时截取的刚好为速度脉冲的发生时间间隔，而 Repapis 持时的范围则更为宽泛［图 5-4（a）］；在能量累积曲线上，脉冲持时覆盖了全部能量变化阶段，Repapis 持时则囊括了更多能量平稳的时间间隔［图 5-4（b）］，说明本书提出脉冲持时的定义能够更加清晰准确地体现脉冲特性，在准确反映速度脉冲的同时，时间间隔整体上要略小于 Repapis 持时。

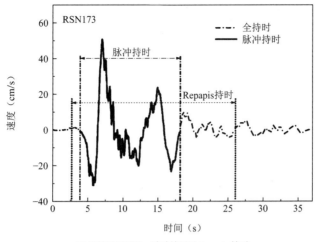

(a) 原始强震记录、脉冲持时及 Repapis 持时

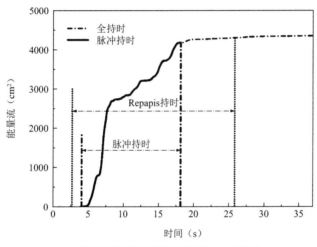

(b) 记录能量累积过程及脉冲持时和 Repapis 持时

图 5-4　原始强震记录、脉冲持时及 Repapis 持时与记录能量累积过程及脉冲持时和 Repapis 持时

（1979 年 Imperial Valley-06 地震，El Centro Array #10 台站）

上述讨论说明，脉冲持时可以反映近断层地震动的脉冲特性，且能够涵盖原始强震记录的主要震动情况。从地震记录本身出发，脉冲持时可以作为原始记录的新的强震持时指标，称为有效持时。当将其应用于结构抗震性能时程分析时，在把握大能量速度脉冲特性影响的同时还能够缩短计算时长，提高计算效率。下文将对其能否替代近断层原始强震持时用于结构反应分析进行验证。

5.2.2　有效持时与常用持时定义比较分析

为方便比较，本节对脉冲型地震动数据库中的 46 条记录进行计算，获得其脉冲持时，并与其他强震持时定义相比较，示于表 5-1。为便于区分，本书将 Repapis 等[127]的脉冲持时定义称为 Repapis 持时。

以脉冲持时定义的有效持时与全持时的比较见图 5-5，本书提出的有效持时仅为全持时的 19%，标准差为 13%，说明若以脉冲持时定义为总强震记录的有效持时，会将使强震持时很大程度缩小。

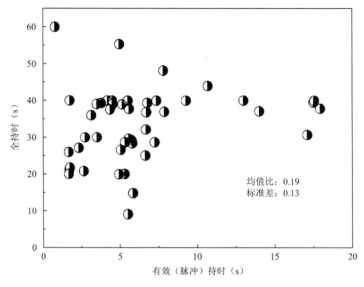

图 5-5　有效（脉冲）持时与全持时

一致持时、括号持时和 Arias 持时为基于加速度时程的强震持时定义，如图 5-6～图 5-8 所示，脉冲持时大于一致持时，均值比为 1.36，但其明显小于括号持时与 Arias 持时，均值比分别为 0.53 与 0.71。这里，括号持时界限值采用 Bolt 等[121]的工作，定义为 0.05g，Arias 持时则定义为 5%～95%Arias 强度之间的时间间隔。

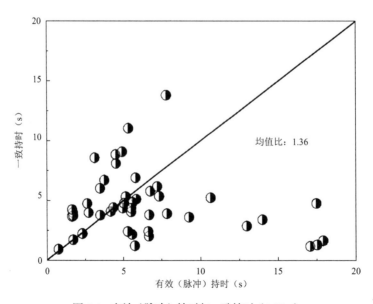

图 5-6　有效（脉冲）持时与一致持时（0.05g）

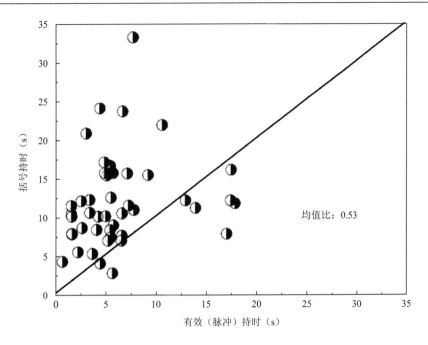

图 5-7　有效（脉冲）持时与括号持时（0.05g）

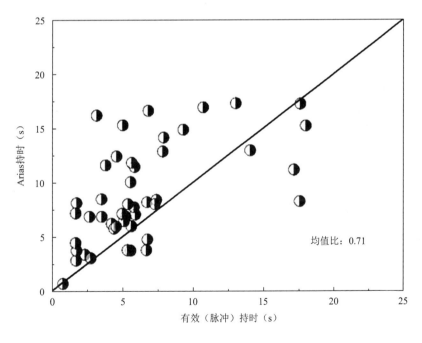

图 5-8　有效（脉冲）持时与 Arias 持时（5%～95%）

Repapis 持时则采用速度时程，与本书提出的持时定义相似，它是以基于小波迭代提取方法确定的脉冲持时定义，而小波方法提取脉冲的局限性已经在前文说明。将二者进行比较，结果见图 5-9。本章定义的有效持时与 Repapis 持时均值比为 0.88，说明以脉冲持时定义的有效强震持时同样小于 Repapis 持时。

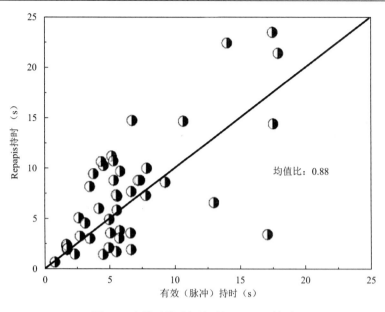

图 5-9　有效（脉冲）持时与 Repapis 持时

有效（脉冲）持时与常用强震持时定义　　　　　　　　表 5-1

NGA RSN	地震	年份	台站	全持时（s）	有效（脉冲）持时（s）	一致持时（s）	括号持时（s）	Arias持时（s）	Repapis持时（s）
150	Coyote Lake	1979	Gilroy Array #6	27.08	2.34	2.28	5.34	3.41	1.46
158	Imperial Valley-06	1979	Aeropuerto Mexicali	14.76	5.87	5.17	8.81	7.08	9.68
159	Imperial Valley-06	1979	Agrarias	28.35	5.83	6.96	15.59	11.47	3.79
161	Imperial Valley-06	1979	Brawley Airport	37.77	17.93	1.69	11.63	15.24	21.40
170	Imperial Valley-06	1979	EC County Center FF	39.96	9.28	3.66	15.30	14.89	8.60
171	Imperial Valley-06	1979	EC Meloland Overpass FF	39.96	4.21	4.14	8.23	6.23	5.99
173	Imperial Valley-06	1979	El Centro Array #10	37.05	14.01	3.45	11.04	12.97	22.41
174	Imperial Valley-06	1979	El Centro Array #11	39.46	17.50	4.81	12.02	8.29	23.47
178	Imperial Valley-06	1979	El Centro Array #3	36.93	7.88	3.95	10.81	14.17	9.98
179	Imperial Valley-06	1979	El Centro Array #4	38.95	4.56	8.16	3.87	12.43	10.24
180	Imperial Valley-06	1979	El Centro Array #5	39.24	3.79	6.76	5.12	11.62	9.43
181	Imperial Valley-06	1979	El Centro Array #6	39.01	3.51	6.08	12.12	8.50	8.16
182	Imperial Valley-06	1979	El Centro Array #7	36.79	6.73	3.85	10.37	4.79	7.67
183	Imperial Valley-06	1979	El Centro Array #8	37.53	4.38	4.47	9.94	5.80	10.64
184	Imperial Valley-06	1979	El Centro Differential Array	38.93	5.19	5.38	15.25	6.89	11.20
185	Imperial Valley-06	1979	Holtville Post Office	37.72	5.63	4.91	12.40	11.84	7.20
250	Mammoth Lakes-06	1980	Long Valley Dam	25.93	1.68	3.72	10.28	7.20	2.25
292	Irpinia, Italy-01	1980	Sturno	39.31	6.79	5.84	23.55	16.64	14.72

续表

NGA RSN	地震	年份	台站	全持时（s）	有效（脉冲）持时（s）	一致持时（s）	括号持时（s）	Arias持时（s）	Repapis持时（s）
316	Westmorland	1981	Parachute Test Site	39.97	13.00	2.92	12.04	17.31	6.59
407	Coalinga-05	1983	Oil City	21.21	1.72	4.05	9.96	2.87	1.91
415	Coalinga-05	1983	Transmitter Hill	21.74	1.75	3.77	7.66	3.76	2.29
418	Coalinga-07	1983	Coalinga-14th& Elm	59.99	0.79	0.98	4.11	0.72	0.67
451	Morgan Hill	1984	Coyote Lake Dam	29.93	2.75	4.04	8.47	3.08	3.26
459	Morgan Hill	1984	Gilroy Array #6	29.96	3.52	3.82	10.45	6.88	3.01
503	Taiwan SMART1 (40)	1986	SMART1 C00	30.59	17.10	1.23	7.68	11.18	3.42
508	Taiwan SMART1 (40)	1986	SMART1 M07	29.12	5.78	1.27	2.62	7.76	3.05
529	North Palm Springs	1986	North Palm Springs	20.00	1.68	4.30	11.33	4.47	2.41
568	San Salvador	1986	Geotech Investigation Center	9.00	5.54	4.10	8.20	3.77	1.71
615	Whittier Narrows-01	1987	Downey-company	39.97	1.75	1.77	7.72	8.14	2.01
645	Whittier Narrows-01	1987	LB-Orange Ave.	32.08	6.70	2.07	7.47	8.22	1.91
738	Loma Prieta	1989	Alameda Naval Air Stn Hanger	29.56	5.60	2.22	7.25	6.01	5.83
766	Loma Prieta	1989	Gilroy Array #2	39.92	5.55	4.41	16.51	10.07	7.34
802	Loma Prieta	1989	Saratoga-Aloha Ave.	39.93	7.37	5.42	11.38	8.43	8.79
821	Erzican, Turkey	1992	Erzincan	20.75	2.66	4.81	11.95	6.88	5.08
828	Cape Mendocino	1992	Petrolia	35.98	3.16	8.63	20.71	16.21	4.55
838	Landers	1992	Barstow	39.94	17.55	1.35	15.97	17.26	14.4
879	Landers	1992	Lucerne	48.10	7.82	13.88	33.13	12.88	7.29
900	Landers	1992	Yermo Fire	43.95	10.68	5.30	21.78	16.95	14.65
982	Northridge-01	1994	Jensen Filter Plant	28.59	5.36	11.11	15.52	8.04	8.78
983	Northridge-01	1994	Jensen Filter Plant Generator	28.59	7.25	6.24	15.52	8.04	8.78
1009	Northridge-01	1994	LA-Wadsworth VA Hospital	55.32	—	4.42	15.56	15.31	4.91
1045	Northridge-01	1994	LA Dam	26.55	5.08	4.84	9.99	6.46	3.56
1050	Northridge-01	1994	Newhall-West Pico Canyon Rd.	24.98	6.66	2.46	6.83	3.81	3.56
1051	Northridge-01	1994	Pacoima Dam (downstream)	19.96	5.33	2.46	6.83	3.81	10.71
1063	Northridge-01	1994	Pacoima Dam (upper left)	39.94	4.53	8.90	23.95	5.98	1.44
1084	Northridge-01	1994	Rinaldi Receiving Station	19.90	4.96	9.13	16.97	7.15	2.10

注：1. 有效（脉冲）持时为本书根据 HHT 方法提取的速度脉冲定义的有效强震持时；

2. 一致持时为地面运动加速度超出某一固定限值的时长（取为 0.05g）[121]；

3. 括号持时为地面运动加速度第一次和最后一次达到某一固定值的时间间隔（取为 0.05g）[121]；

4. Arias 持时为 Arias 强度从 5%积累至 95%的时间间隔；

5. Repapis 持时为小波迭代方法提取出重要小波的持时。

5.3 有效强震持时验证：单自由度系统结构反应

对单脉冲、连续多脉冲和间隔脉冲三种情况下的弹性位移反应谱进行比较。

以 1992 年 Cape Mendocino 地震 Petrolia 台站的典型单脉冲记录为例，计算其全持时下强震记录和有效强震持时下记录的位移反应谱（取 5%阻尼比），并进行比较，见图 5-10。由图 5-10 可见，二者吻合良好，在周期为 2.5s 时，全持时下强震记录的谱值略大，与有效强震持时谱峰值相差 8%，但仍处于可接受程度。同样的吻合性见于所有单脉冲记录，在此不再赘述。图 5-11 和图 5-12 分别为连续多脉冲、间隔多脉冲示例，其中图 5-11 为 1979 年 Imperial Valley-06 地震，El Centro Array #10 台站记录的位移反应谱，图 5-12 为 1994 年 Northridge-01 地震，LA Dam 台站记录的位移反应谱。可见有效强震持时和全持时下的 SDOF 系统位移反应谱几乎一致。

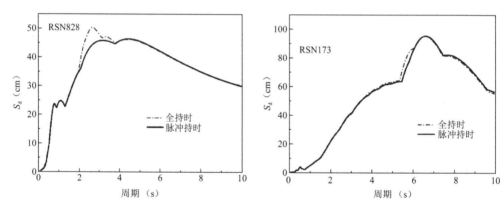

图 5-10 原始强震记录及有效强震持时截取记录下 图 5-11 原始强震记录及有效强震持时截取记录下
　　　 的弹性位移反应谱 　　　　　　　　　　 的弹性位移反应谱
（1992 年 Cape Mendocino 地震，Petrolia 台站）　 （1979 年 Imperial Valley-06 地震，El Centro Array #10 台站）

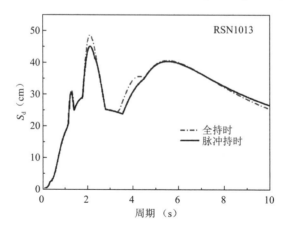

图 5-12 原始强震记录及有效强震持时截取记录下的弹性位移反应谱
（1994 年 Northridge-01 地震，LA Dam 台站）

如前文所述，本书提出的有效强震持时要小于 Repapis 持时，但有效持时下的位移反应谱与全持时下记录的谱值吻合很好，这也证明了以 HHT 方法提取出的脉冲持时来定义有效强震持时的更合理性。在所有记录中，有效持时下的弹性位移反应谱均与全持时下谱值吻合。

下面以 SDOF 系统弹塑性反应为例，进一步验证有效强震持时对近断层地震动的适用性，相比较弹性反应更具说服力。类似第 4 章以弹塑性位移反应谱（强度折减系数 $R = 4$）进行验证。图 5-13～图 5-15 分别代表典型单脉冲、连续多脉冲以及间隔脉冲记录在有效强震持时和全持时下的弹塑性位移反应谱。由图 5-13～图 5-15 可见，在三种情况下二者谱值均吻合良好。

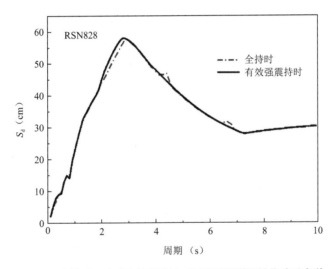

图 5-13　全持时记录及有效强震持时记录下的弹塑性位移反应谱

（1992 年 Cape Mendocino 地震，Petrolia 台站）

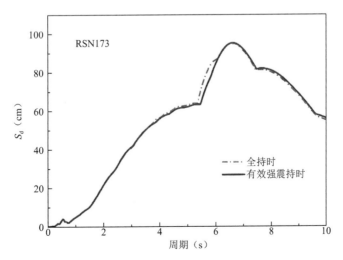

图 5-14　全持时记录及有效强震持时记录下的弹塑性位移反应谱

（1979 年 Imperial Valley-06 地震，El Centro Array #10 台站）

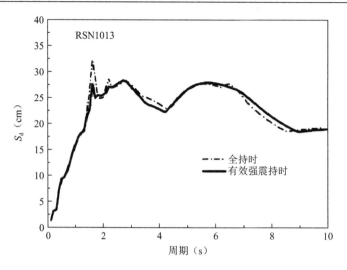

图 5-15 全持时记录及有效强震持时记录下的弹塑性位移反应谱

（1994 年 Northridge-01 地震，LA Dam 台站）

本书计算了全部近断层地震动记录，在有效强震持时下的截取地震波和全部地震波的弹塑性位移谱（不做调幅处理），并由误差指标指示出谱值差异较大的强震记录：

$$\text{error\_index}(S_d) = \sqrt{\frac{1}{n}\sum(S_d - S_{d'})^2} \tag{5-1}$$

式中，S_d 表示全波弹塑性位移谱；$S_{d'}$ 表示有效强震持时截取地震波的弹塑性位移谱。

46 条记录的弹塑性位移反应的误差指标见图 5-16。其中 4 条误差指标最大的记录的弹塑性位移反应谱见图 5-17～图 5-20。由图可知，有效强震持时在结构反应分析方面的表现良好，尽管对于 4 条误差指标最大的记录，有效强震持时和全持时的弹塑性位移反应差异均处于可接受水平（谱峰值最大相差 18%）。因此，以有效持时代替全持时进行结构反应分析具有可行性。

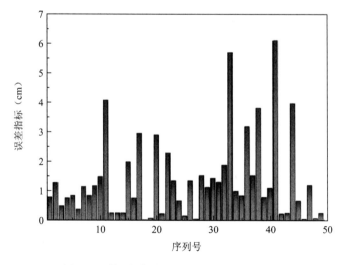

图 5-16 弹塑性位移反应误差指标（$R = 4$）

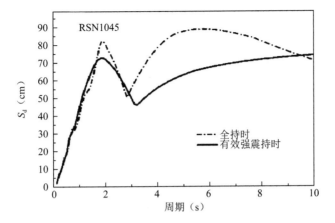

图 5-17　全持时记录及有效强震持时截取记录下的弹塑性位移反应谱

（1994 年 Northridge-01 地震，Newhall-West Pico Canyon Rd.台站）

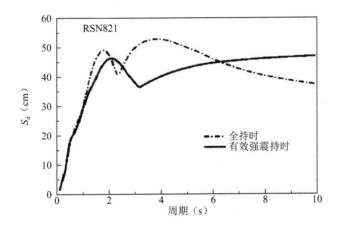

图 5-18　全持时记录及有效强震持时截取记录下的弹塑性位移反应谱

（1992 年 Erzican, Turkey 地震，Erzincan 台站）

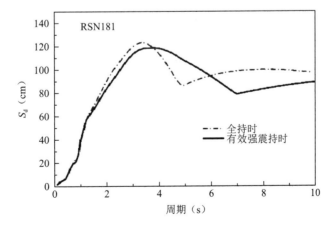

图 5-19　全持时记录及有效强震持时截取记录下的弹塑性位移反应谱

（1979 年 Imperial Valley-06 地震，El Centro Array #6 台站）

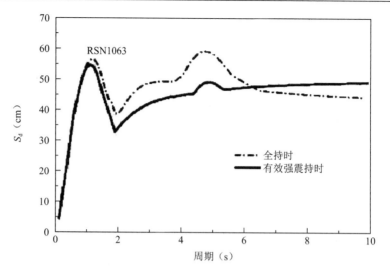

图 5-20　全持时记录及有效强震持时截取记录下的弹塑性位移反应谱
（1994 年 Northridge-01 地震，Rinaldi Receiving Station 台站）

5.4　有效强震持时验证：多自由度系统结构反应

除了通过单自由度系统的弹性和弹塑性位移反应谱进行上述验证，多自由度系统的非线性时程分析是对结构动力响应的进一步验证[160]。基于表 5-1 中的 46 条脉冲型记录，对三个抗弯钢框架结构进行非线性时程分析，继续验证有效持时用于时程分析的合理性。时程分析中考虑抗弯钢框架的非线性响应，将全持时记录和有效持时记录对应的截取地震波分别作为输入，比较结构位移响应和层间位移角反应情况。

5.4.1　Benchmark 抗弯钢框架结构体系介绍

1994 年，美国洛杉矶地区发生震级为 6.7 级的 Northridge 地震。在此次地震中，采用了现代抗震措施的钢框架结构损毁严重，为了全面调研此类结构的损害程度，并发展新的修复及设计方法，美国联邦应急管理署（FEMA）同年提出了 SAC 钢结构项目[161]。项目由加利福尼亚结构工程协会（Structural Engineers Association of California）、应用技术委员会（Applied Technology Council）和地震工程研究大学联盟（Consortium of Universities for Research in Earthquake Engineering）三个机构共同执行，最终提出了 FEMA267 和 FEMA267B 临时指南、抗震设计规范草案等非常有学术研究价值的报告和指南。

Benchmark 抗弯钢框架结构设计于 1996 年在 SAC 钢结构项目第二阶段[161-162]，包含 3 层、9 层和 20 层三个结构。该结构体系基于规范严格设计，分别能够代表洛杉矶地区短、中、长周期的典型建筑结构特征，尽管没有实际建成，但是已被作为基准模型广泛应用于科学研究之中[163-165]。三个结构的平面、立面布置图及其相关结构参数见图 5-21。

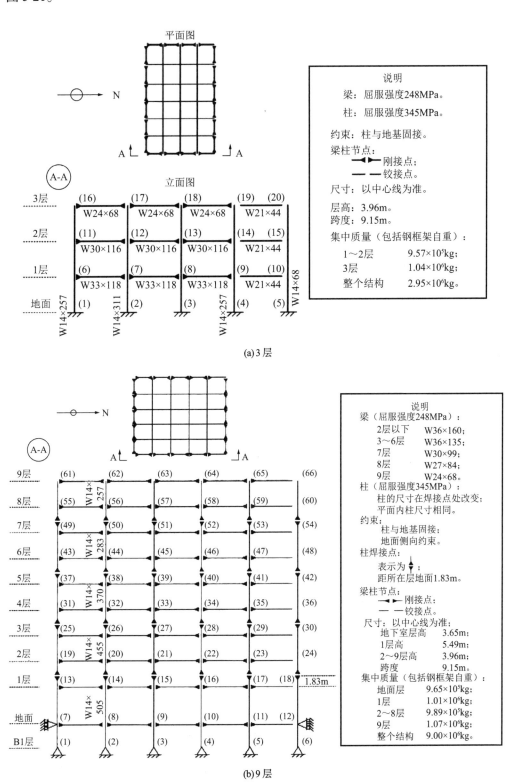

(a) 3 层

(b) 9 层

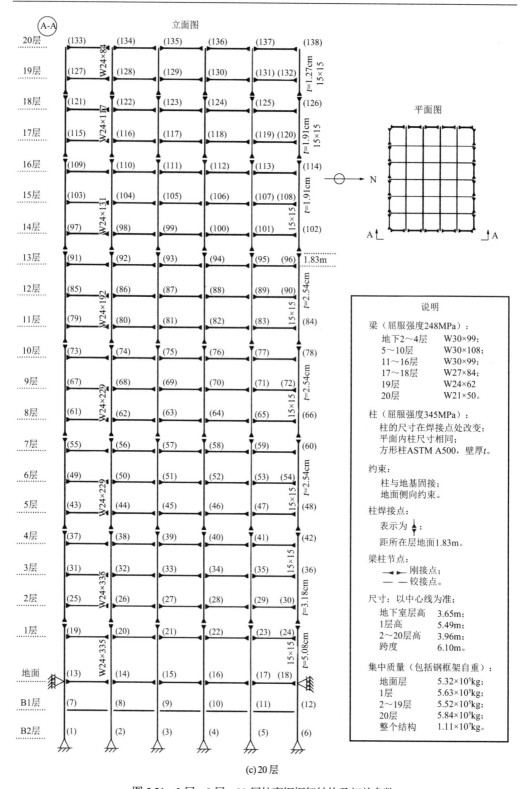

图 5-21 3层、9层、20层抗弯钢框架结构及相关参数

需要注意的是，Benchmark 抗弯钢框架结构采用美国标准设计，地震作用主要由外部

抗弯框架承受，内部框架只承受重力荷载。因此，在建立结构抗震分析有限元模型时，楼板被设计为刚度无穷大，惯性力被均匀地传递到外部抗弯框架[162]。9 层、20 层抗弯钢框架结构中，结构柱采用隔层变截面，地面以下设置地基墙和围土抵抗横向力，地下室不产生侧向位移。

　　基于有限元分析软件建立 3 层、9 层和 20 层抗弯钢框架结构有限元模型，考虑了梁柱节点域（Panel Zone）剪切变形，但不考虑 P-Δ 效应。材料本构采用双线性模型，塑性阶段刚度为弹性阶段的 1%。结构阻尼采用瑞利阻尼，阻尼比取为 2%，阻尼参数由第一阶和第二阶频率计算。

　　梁和柱选用可以考虑剪切变形的 B22 单元。此种单元为具有两个积分点的 Timoshenko 梁单元，同时适用于模拟以剪切变形为主的深梁和不过多考虑剪切变形的细长梁[162]。由于塑性变形主要发生在梁端，因此对其再次进行了更细致的网格划分。

　　梁柱节点采用图 5-22 所示模型模拟，由 4 个刚性梁单元构建矩形，单元之间以铰节点连接，使整体节点域可发生剪切变形；矩形右上角处设置转动弹簧，控制其转动刚度，本构关系采用图 5-23 所示三线型模型。

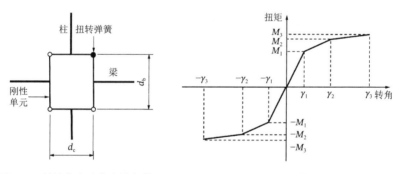

图 5-22　梁柱节点（节点域）模型　　　　图 5-23　扭转弹簧分析模型

1 阶段：
$$K_{1,\mathrm{e}} = 0.95 d_\mathrm{b} d_\mathrm{c} t_\mathrm{p} G \tag{5-2}$$

$$\gamma_1 = \frac{F_\mathrm{y}}{\sqrt{3 \times G}} = \gamma_\mathrm{y} \tag{5-3}$$

$$M_1 = \gamma_1 \times K_{1,\mathrm{e}} \tag{5-4}$$

2 阶段：
$$K_2 = K_{1,\mathrm{e}} \left(\frac{b_\mathrm{c} t_\mathrm{cf}^2}{d_\mathrm{b} d_\mathrm{c} t_\mathrm{p}} \right) \tag{5-5}$$

$$\gamma_2 = 4\gamma_\mathrm{y} \tag{5-6}$$

$$M_2 = M_1 + (\gamma_2 - \gamma_1) K_2 \tag{5-7}$$

3 阶段：
$$K_3 = \alpha \times K_{1,\mathrm{e}} \tag{5-8}$$

$$\gamma_3 = 100\gamma_\mathrm{y} \tag{5-9}$$

$$M_3 = M_2 + (\gamma_3 - \gamma_2) K_3 \tag{5-10}$$

式中，$K_{1,\mathrm{e}}$、K_2 和 K_3 分别为图 5-23 中三段折线的斜率；G 为钢材剪切模量；F_y 为钢材屈服强度；d_c 为柱子宽度；d_b 为梁高度；t_p 为节点域厚度；t_cf 为柱翼缘板厚度；b_c 为柱翼缘宽

度；α为强化系数，取 3%。

计算 3 层、9 层和 20 层抗弯钢框架结构自振周期，与相关文献[163]提供数据进行比较，对有限元模型进行校核，见表 5-2。各结构自振周期相对误差控制在 10%左右，产生误差的主要原因在于模型考虑了节点域剪切变形。模型计算自振周期与文献结果的一致性表明了有限元模型建立的准确性。

3 层、9 层和 20 层抗弯钢框架结构模型的自振周期　　　　表 5-2

抗弯钢框架模型	振型（阶）	文献（Gupta 和 Kraw in kler, 1999）中的数据周期（s）	本书剪力模型的周期（s）	相对误差（%）
3 层	1	1.00	1.01	1.0
	2	0.31	0.33	6.1
	3	0.16	0.17	5.9
9 层	1	2.15	2.27	5.3
	2	0.81	0.85	4.7
	3	0.45	0.49	8.2
20 层	1	4.11	3.85	6.8
	2	1.47	1.33	10.5
	3	0.86	0.77	11.7

5.4.2　抗弯钢框架结构非线性反应时程分析

将 46 条近断层地震动在全持时下的加速度记录和依据有效强震持时截取的记录，分别输入 3 层、9 层和 20 层抗弯钢框架结构进行非线性时程分析。

图 5-24 所示为三个结构在全持时和有效强震持时记录输入下的顶层位移反应时程示例。有效强震持时截取记录输入下获得的结构残余位移与全持时记录输入下的残余位移基本一致，且二者位移反应最大值也几乎完全吻合。在中周期［3 层，图 5-24（a）］、长周期［9 层，图 5-24（b）］和超长周期结构［20 层，图 5-24（c）］非线性反应分析中，有效强震持时均对位移时程做出了准确估计。这意味着以有效强震持时截取记录替代全持时记录进行结构反应非线性分析具有合理性。残留位移的存在也表明结构确实进入了非线性反应。

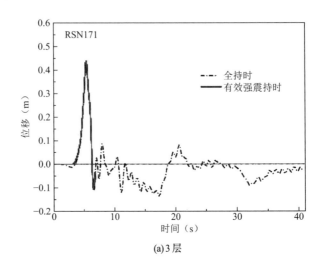

(a)3 层

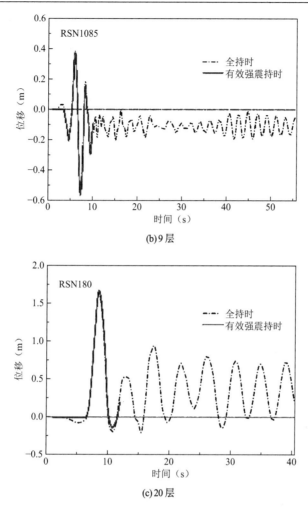

(b) 9 层

(c) 20 层

图 5-24　3 层、9 层、20 层抗弯钢框架全持时记录与有效强震持时记录输入下顶层位移时程

　　以结构反应层间位移角进行验证。计算所有记录全持时与有效强震持时下三个结构的最大层间位移角,见图 5-25。几乎所有数据点均沿对角线分布,对于周期达到 4.11s 的 20 层结构[图 5-25(c)]数据的离散性依然很小,其统计关系见表 5-3,均值比接近 1,可决系数大于等于 0.97,标准差均为 0.02,这表明有效强震持时截断记录可以对全持时记录下的结构反应做出准确估计。

　　因为有效强震持时整体上仅为全持时的 19%,这在很大程度上缩减了计算时长,提高了结构非线性反应计算的效率。

有效强震持时记录和全持时记录输入下结构最大层间位移角统计关系　　　表 5-3

相关参数	3 层	9 层	20 层
均值比	0.98	1.00	0.99
可决系数	0.97	0.98	0.98
标准差	0.02	0.02	0.02

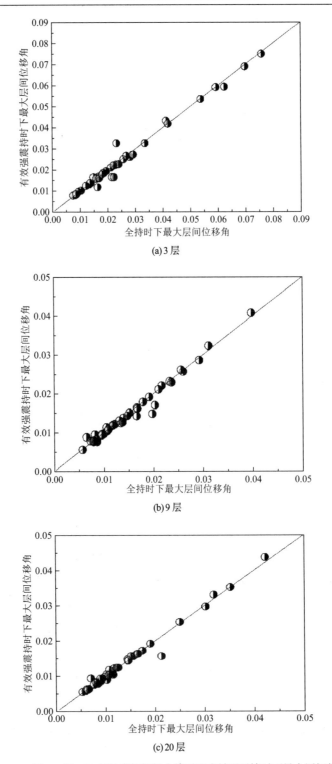

图5-25　3层、9层、20层抗弯钢框架全持时和有效强震持时下最大层间位移角

作者还观察了层间位移角沿着楼层的分布情况，仍然发现全持时下的加速度记录和依据有效强震持时截取的部分记录输入下，结构的层间位移角分布几乎一致。同样以图5-24

对应的3条地震波输入作为示例,3层、9层和20层结构的层间位移角沿楼层分布见图5-26,仅供参考。

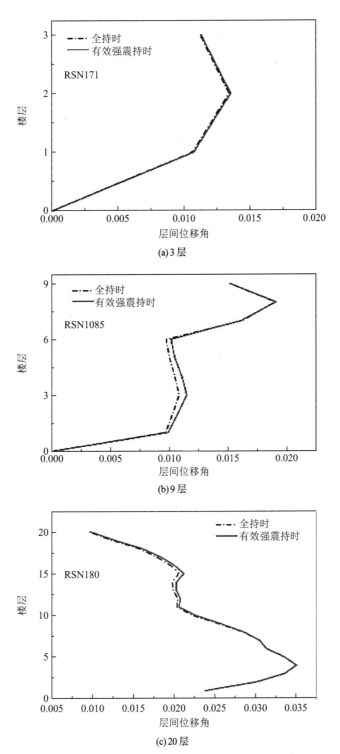

(a)3层

(b)9层

(c)20层

图5-26　3层、9层、20层抗弯钢框架全持时和有效强震持时下层间位移角

5.5　本章小结

本章基于 HHT 方法提取的理想速度脉冲提出了近断层地震动有效持时的定义，取为理想速度脉冲的最初起始时刻和最终结束时刻对应的持续时间（脉冲持时）。先以单自由度系统弹性和弹塑性反应谱分析，后对以代表多自由度系统的 3 层、9 层和 20 层抗弯钢框架非线性时程分析进行验证。结果表明：定义的有效强震持时涵盖了近断层地震动的主要震动情况和能量变化，以有效强震持时截取的部分加速度记录可以代替全持时强震记录进行结构抗震时程分析。

第 6 章

结论和展望

6.1　结　论

随着人类社会的发展及活动区域的不断拓展，工程建设已无法完全避开临近断层区域。20 世纪至今发生的多次大地震表明，近断层脉冲型地震动对结构有显著破坏作用，与震源破裂过程也密切相关。深入研究近断层地震动脉冲特性对结构抗震设计、地震危险性分析和震源破裂过程联合反演等相关研究具有重要意义。本书从近断层原始强震记录基线校正、速度脉冲识别和提取、脉冲参数的统计分析以及脉冲型地震动有效强震持时四个方面，对近断层地震动的脉冲特性进行系统研究，主要结论如下：

（1）基于希尔伯特能量密度谱分析（HSA）提出原始强震记录基线校正新方法。该方法将所有引起基线偏移的原因均视为对原始地震动信号的污染，统称为噪声。借鉴"靶向治疗"思路，根据原始强震记录在各窄带频域能量密度的分布，迭代提取出表征地震动相关信息的未污染频率成分，而后对残余被污染部分简化为一步校正过程，两者叠加获得校正后记录。未污染成分的迭代提取过程尽量保留了近断层地震动记录中关于强震动的重要信息，使得在有限可知频率范围内进行基线校正成为可能。以 HSA 方法进行基线校正，在获得地面永久位移的同时，也可得到稳定的 PGD 和更具物理意义的基线偏移时程，特别是后者是以往的基线校正方法不具备的。

（2）基于希尔伯特-黄变换（HHT）提出近断层地震动速度脉冲定量判定及提取的新方法。基线校正后的强震记录速度时程经 EEMD 分解为若干阶 IMF，基于能量变化和频率指标两个参数，识别出对原始地震动信号能量贡献较大的低频成分，认为速度脉冲是由这些成分构成的。而后引入雨流计数法获得理想速度脉冲，并同时计算脉冲个数、脉冲周期及脉冲幅值等脉冲相关参数。该方法不受母波选取或先验函数等影响，所有参数经信号处理手段一并获取，无需任何前提假设，并对多脉冲记录尤为有效，可以将速度脉冲（含非连续）逐一准确地定位在时域。

（3）脉冲参数与地震参数的统计分析表明，近断层强震记录中的脉冲个数与震级、断层距、场地条件以及断层类型有关。多脉冲记录更易发生在较大断层距且较软场地，且随着脉冲个数的增加，获得多脉冲记录的区域越集中。关于断层类型，逆断层和逆斜断层场地更易记录到多脉冲地震动，而正断层获得多脉冲记录的概率较小。对于同一条记录中的多个脉冲，脉冲周期相近，可由主能量脉冲周期表示（T_p^E），脉冲幅值随脉冲个数增加呈线性衰减，可由主能量脉冲幅值线性表达（PGV^E）。脉冲周期与震级、场地条件及断层类型相关。震级小于 7 级时，土层场地的主能量脉冲周期 T_p^E 大于岩石场地，随着震级的增加两种场地类型下的 T_p^E 趋于相同水平；逆斜断层更易产生较长周期的地面运动，走滑断层强震记录的 T_p^E 则整体上小于逆斜断层。脉冲幅值与断层类型、场地条件以及断层距相关，书中分别给出了脉冲周期和脉冲幅值根据断层类型分类的统计回归关系。

（4）基于 HHT 方法提取出的理想速度脉冲，其包含脉冲型强震记录的主要能量累积过程，可作为原始记录的有效强震持时，直接由理想脉冲的时间起止点定义（脉冲持时）。以有效强震持时截断记录计算的弹性和弹塑性反应谱与全持时记录计算结果非常吻合，同时采用 SAC 钢结构项目中的 3 层、9 层和 20 层抗弯钢框架进行结构非线性时程分析，以有效强震持时截断记录和全持时记录输入计算的结构反应结果仍然吻合良好，表明了近断层地震动有效强震持时定义具有合理性和可行性。

6.2 展 望

尽管本书围绕近断层地震动的脉冲特性进行了较为系统的研究，并取得了一些阶段性成果，在未来工作中仍需在以下方面开展进一步研究：

（1）本书提出的近断层地震动速度脉冲定量判定与提取的 HHT 方法可以应用于多种效应引起的脉冲型记录，但是数据库的主要构成仍关注于向前方向性效应。在后续研究中，还要继续识别永久位移型速度脉冲，并将二者予以定量区分。同时在结构反应分析中，可考虑多种效应脉冲耦合作用和双向输入角度等影响因素，以深入研究近断层地震动的脉冲对结构反应的影响。

（2）以脉冲持时定义的近断层地震动有效强震持时可作为地震易损性分析中的强度指标。在后续研究中，可考虑基于近断层地震动的多脉冲特性构建地震动向量型强度指标，用于指导临近断层的工程结构抗震设计。

参考文献

[1] HOUSNER G W, HUDSON D E. The Port Hueneme earthquake of March 18, 1957 [J]. Bulletin of the Seismological Society of America, 1958, 48(2): 163-168.

[2] HOUSNER G W, TRIFUNAC M D. Analysis of accelerograms: Parkfield Earthquake [J]. Bulletin of the Seismological Society of America, 1967, 57: 1193-1220.

[3] BOLT B A. The San Fernando Valley earthquake of February 9, 1971: Data on seismic hazards [J]. Bulletin of the Seismological Society of America, 1971, 61(2): 501-510.

[4] IWASAKI T, PENZIEN J, CLOUGH R. Literature survey-seismic effects on highway bridges [R]. California: Report to the US Department of Transportation Federal Highway Administration, 1972.

[5] HALL J F, HEATON T H, HALLING M W. Near-source ground motion and its effects on flexible buildings [J]. Earthquake Spectra, 1995, 11(4): 569-605.

[6] BERTERO V V, MAHIN S A, HERRERA R A. Aseismic design implications of near-fault San Fernando earthquake records [J]. Earthquake Engineering and Structural Dynamics, 1978, 6(1): 31-42.

[7] ANDERSON J C, BERTERO V V. Uncertainties in establishing design earthquakes [J]. Journal of Structure Engineering, 1987, 113: 1709-1724.

[8] MAKRIS N. Rigidity-Plasticity-Viscosity: Can electrorheological dampers protect base-isolated structures from near-source ground motions? [J]. Earthquake Engineering and Structural Dynamics, 1997, 26: 571-591.

[9] LUCO N, CORNELL C A. Structure-specific scalar intensity measures for near-source and ordinary earthquake ground motions [J]. Earthquake Spectra, 2007, 23: 357-392.

[10] KALKAN E, KUNNATH S K. Effects of fling step and forward directivity on seismic response of buildings [J]. Earthquake Spectra, 2006, 22: 367-390.

[11] CHAMPION C, LIEL A. The effect of near-fault directivity on building seismic collapse risk [J]. Earthquake Engineering and Structural Dynamics, 2012, 41: 1391-1409.

[12] ABRAHAMSON N A, SOMERVILLE P G. Effects of the hanging wall and footwall on ground motions recorded during the Northridge earthquake[J]. Bulletin of the Seismological Society of America, 1996, 86(1B): 93-99.

[13] 俞言祥, 高孟潭. 台湾集集地震近场地震动的上盘效应[J]. 地震学报, 2001, 23(6): 615-621.

[14] 刘启方, 袁一凡, 金星, 等. 近断层地震动的基本特征[J]. 地震工程与工程振动, 2006, 26(1): 1-10.

[15] 黄蓓, 张培震, 张冬丽, 等. 汶川8.0级特大地震的断裂特性与强地面运动的关系[J]. 地震地质, 2015, 37(4): 1055-1069.

[16] SOMERVILLE P G, SMITH N F, GRAVES R W, et al. Modification of empirical strong ground motion attenuation relations to include the amplitude and duration effects of rupture directivity [J]. Seismological

Research Letters, 1997, 68(1): 199-222.

[17] 胡进军, 谢礼立. 地震破裂的方向性效应相关概念综述[J]. 地震工程与工程振动, 2011, 31(4): 1-8.

[18] MAVROEIDIS G P. Near-field ground motions and their implications on seismic response of long-span bridges [C]// National Seismic Conference & Workshop on Bridges & Highways: Advances in Engineering & Technology for the Seismic Safety of Bridges in the New Millennium, 2002.

[19] HOWARD J K, TRACY C A, BURNS R G. Comparing observed and predicted directivity in near-source ground motion [J]. Earthquake Spectra, 2005, 21(4): 1063-1092.

[20] 温卫平, 籍多发, 刘惠华, 等. 考虑倒塌储备的近断层区域 RC 框架结构抗震设计方法[J]. 建筑结构学报, 2022, 43(4): 1-7.

[21] 曲哲, 师骁. 汶川地震和鲁甸地震的脉冲型地震动比较研究[J]. 工程力学, 2016, 33(8): 150-157.

[22] 谢俊举, 李小军, 温增平. 近断层速度大脉冲对反应谱的放大作用[J]. 工程力学, 2017, 34(8): 194-211.

[23] 谢俊举, 李小军, 温增平, 等. 芦山 7.0 级地震近断层地震动的方向性[J]. 地球物理学报, 2018, 61(4): 1266-1280.

[24] 赵晓芬, 温增平, 陈波. 近断层地震动最强速度脉冲方向分量特性研究[J]. 地震学报, 2018, 40(5): 673-688.

[25] BAKER J W. Quantitative classification of near-fault ground motions using wavelet analysis [J]. Bulletin of the Seismological Society of America, 2007, 97: 1486-1501.

[26] LU Y, PANAGIOTOU M. Characterization and representation of near-fault ground motions using cumulative pulse extraction with wavelet analysis [J]. Bulletin of the Seismological Society of America, 2013, 104: 410-426.

[27] BOORE D M. Effect of baseline corrections on displacements and response spectra for several recordings of the 1999 Chi-Chi, Taiwan, earthquake [J]. Bulletin of the Seismological Society of America, 2001, 91: 1199-211.

[28] BOORE D M, BOMMER J J. Processing of strong-motion accelerograms: needs, options and consequences [J]. Soil Dynamics and Earthquake Engineering, 2005, 25(2): 93-115.

[29] 王国权, 周锡元. 921 台湾集集地震近断层强震记录的基线校正[J]. 地震地质, 2004(1): 1-14.

[30] 彭小波, 李小军, 刘启方. 基于强震记录估算同震位移的研究进展及方法[J]. 世界地震工程, 2011, 27(3): 73-80.

[31] CHIU H C. Stable baseline correction of digital strong-motion data[J]. Bulletin of the Seismological Society of America, 1997, 87(4): 932-944.

[32] GRAIZER V M. Determination of the true ground displacement by using strong motion records [J]. Izvestiya, Physics Solid Earth, 1979, 15: 875-885.

[33] IWAN W D, MOSER M A, PENG C Y. Strong-motion earthquake measurement using a digital accelerograph[J]. Bulletin of the Seismological Society of America, 1985, 75: 1225-1246.

[34] WU Y M, WU C F. Approximate recovery of coseismic deformation from Taiwan strong-motion records[J]. Journal of Seismology, 2007, 11(2): 159-170.

[35] WANG R J, SCHURR B, MILKEREIT, et al. An improved automatic scheme for empirical baseline correction of digital strong-motion records[J]. Bulletin of the Seismological Society of America, 2011, 101(5): 2029-2044.

[36] 于海英, 江汶乡, 解全才, 等. 近场数字强震仪记录误差分析与零线校正方法[J]. 地震工程与工程振动, 2009, 29(6): 1-12.

[37] 谢俊举, 温增平, 高孟潭. 利用强震数据获取汶川地震近断层地面永久位移[J]. 地震学报, 2013, 35(3): 369-379.

[38] 陈勇, 陈鲲, 俞言祥. 用集集主震记录研究近断层强震记录的基线校正方法[J]. 地震工程与工程振动, 2007, 27(4): 1-7.

[39] 荣棉水, 彭艳菊, 喻畑, 等. 近断层强震观测记录基线校正的优化方法[J]. 土木工程学报, 2014, 47(2): 300-306.

[40] 张斌, 俞言祥, 肖亮. 近断层强震记录基线校正的改进方法[J]. 振动与冲击, 2020, 39(5): 138-142.

[41] KUO C H, CHAO S H, HSU C C, et al. Database of near-fault pulse-like time history[R]. Taiwan: National Center for Research on Earthquake Engineering (NCREE), 2019.

[42] KENNY B, BECKY R, THOMAS H H. Effects of long-period processing on structural collapse predictions[J]. Earthquake Spectra, 2021, 37(1): 204-234.

[43] CHEN S M, LOH C H. Estimating permanent ground displacement from near-fault strong-motion accelerograms[J]. Bulletin of the Seismological Society of America, 2007, 97(1B): 63-75.

[44] ANSARI A, ASADOLLAH N, HAMID Z, et al. Correction of highly noisy strong motion records using a modified wavelet de-noising method[J]. Soil Dynamics and Earthquake Engineering, 2010, 30: 1168-1181.

[45] ANSARI A, ASSADOLLAH N, MEHDI Z. Application of wavelet multi-resolution analysis for correction of seismic acceleration records[J]. Journal of Geophysics and Engineering, 2007, 4(4): 362-377.

[46] CHANERLEY A A, ALEXANDER N A. Obtaining estimates of the low-frequency 'fling', instrument tilts and displacement time series using wavelet decomposition[J]. Bulletin of Earthquake Engineering, 2009, 8(2): 231-255.

[47] HUANG J Y, WEN K L, LI X J, et al. Coseismic deformation time history calculated from acceleration records using an EMD-derived baseline correction scheme: a new approach validated for the 2011 Tohoku earthquake[J]. Bulletin of the Seismological Society of America, 2013, 103(2B): 1321-1335.

[48] ALAVI B, KRAWINKLER H. Effects of near-fault ground motions on frame structures[R]. California, Blume Earthquake Engineering Center, 2001.

[49] ALAVI B, KRAWINKLER H. Behavior of moment-resisting frame structures subjected to near-fault ground motions [J]. Earthquake Engineering and Structural Dynamics, 2004, 33: 687-706.

[50] MAKRIS N, BLACK C. Dimensional analysis of inelastic structures subjected to near-fault ground motions [R]. Berkeley, University of California: Earthquake Engineering Research Center (EERC), 2003.

[51] CHANG S P, MAKRIS N, WHITTAKER A S, et al. Experimental and analytical studies on the performance of hybrid isolation systems [J]. Earthquake Engineering and Structural Dynamics, 2002, 31(2): 421-443.

[52] MENUN C, FU Q. An analytical model for near-fault ground motions and the response of SDOF systems [C]// Proceedings of the Seventh US National Conference on Earthquake Engineering, 2002.

[53] FU Q, MENUN C. Seismic-environment- based simulation of near-fault ground motions [C]// Proceedings of the Thirteenth World Conference on Earthquake Engineering, Vancouver, 2004.

[54] 李新乐, 朱晞. 近断层地震动等效速度脉冲研究[J]. 地震学报, 2004, 26(6): 634-643.

[55] 田玉基, 杨庆山, 卢明奇. 近断层脉冲型地震动的模拟方法[J]. 地震学报, 2007, 29(1): 77-84.

[56] MAVROEIDIS G P, PAPAGEORGIOU A S. A mathematical reprsentation of near-fault ground motions [J]. Bulletin of the Seismological Society of America, 2003, 93: 1099-1131.

[57] 李帅, 张凡, 颜晓伟, 等. 近断层地震动合成方法及其对超大跨斜拉桥地震响应影响[J]. 中国公路学报, 2017, 30(2): 86-97.

[58] DICKINSON B, GAVIN H. Parametric statistical generalization of uniform-hazard earthquake ground motions [J]. Journal of Structure Engineering, 2011, 137: 410-422.

[59] MIMOGLOU P, PSYCHARIS I N, TAFLAMPAS I M. Explicit determination of the pulse inherent in pulse-like ground motions [J]. Earthquake Engineering and Structural Dynamics, 2014, 43: 2261-2281.

[60] VASSILIKI K, IOANNIS T, IOANNIS N P. A new pulse indicator for the classification of ground motions [J]. Bulletin of the Seismological Society of America, 2017, 107(3): 1-9.

[61] ZHAI C H, CHANG Z W, LI S, et al. Quantitative identification of near-fault pulse-like ground motions based on energy [J]. Bulletin of the Seismological Society of America, 2013, 103: 2591-2603.

[62] CHANG Z W, SUN X, ZHAI C H, et al. An improved energy-based approach for selecting pulse-like ground motions [J]. Earthquake Engineering and Structural Dynamics, 2016, 45: 2405-2411.

[63] YAGHMAEI-SABEGH S. Detection of pulse-like ground motions based on continues wavelet transform [J]. Journal of Seismology, 2010, 14: 715-726.

[64] ZAMORA C, RIDDELL R. Elastic and inelastic response spectra considering near-fault effects [J]. Journal of Earthquake Engineering, 2011, 15: 775-808.

[65] XU L J, ZHAO G C, CHEN Y B, et al. A probabilistic methodology to determine elastic acceleration response spectra for pulse-type records through multi-resolution analyses [J]. Journal of Earthquake Engineering, 2016, 20(1): 129-155.

[66] CHANG Z W, DE LUCA F, GODA K. Automated classification of near-fault acceleration pulses using wavelet packets[J]. Computer Aided Civil and Infrastructure Engineering, 2019, 34(7): 569-585.

[67] CHANG Z W, DE LUCA F, GODA K. Near-fault acceleration pulses and non-acceleration pulses: effects on the inelastic displacement ratio[J]. Earthquake Engineering and Structural Dynamics, 2019, 48: 1256-1276.

[68] ZHAI C H, LI C H, KUNNATH S K, et al. An efficient algorithm for identifying pulse-like ground motions based on significant velocity half-cycles[J]. Earthquake Engineering and Structural Dynamics, 2017, 47: 757-771.

[69] ZHAO G, XU L J, XIE L L. A simple and quantitative algorithm for identifying pulse-like ground motions based on zero velocity point method[J]. Bulletin of the Seismological Society of America, 2016, 106:

1011-1023.

[70] 王博, 刘伯权, 吴涛, 等. 长周期地震动低频脉冲特性及其反应谱分析[J]. 地震工程与工程振动, 2018, 38(3): 142-151.

[71] BRAY J D, RODRIGUEZ-MAREK A. Characterization of forward-directivity ground motions in the near-fault region[J]. Soil Dynamics and Earthquake Engineering, 2004, 24(1): 815-828.

[72] 周仕勇, 陈晓非. 近震源破裂过程反演研究——Ⅱ. 9·21 中国台湾集集地震破裂过程的近场反演[J]. 中国科学 (D 辑: 地球科学), 2006(1): 49-58.

[73] Chen K C, Huang B S, Wang J H, et al. An observation of rupture pulses of the 20 September 1999 Chi-Chi, Taiwan, earthquake from near-field seismograms[J]. Bulletin of the Seismological Society of America, 2001, 91(5): 1247-1254.

[74] ZHOU S, IRIKURA K, CHEN X. Analysis of the reliability and resolution of the earthquake source history inferred from waveforms, taking the Chi-Chi earthquake as an example[J]. Geophys J Int, 2004, 157: 1217-1232.

[75] SOMERVILLE P G. Magnitude scaling of the near fault rupture directivity pulse[J]. Physics of the Earth and Planetary Interiors, 2003, 137(1): 201-212.

[76] TANG Y, ZHANG J. Response spectrum-oriented pulse identification and magnitude scaling of forward directivity pulses in near-fault ground motions[J]. Soil Dynamics and Earthquake Engineering, 2011, 31(1): 59-76.

[77] 谢俊举, 温增平, 李小军, 等. 基于小波方法分析汶川地震近断层地震动的速度脉冲特性[J]. 地球物理学报, 2012, 55(6): 1963-1972.

[78] CORK T G, KIM J H, MAVROEIDIS G P, et al. Effects of tectonic regime and soil conditions on the pulse period of near-fault ground motions[J]. Soil Dynamics and Earthquake Engineering, 2016, 80: 102-118.

[79] HALLDORSSON B, MAVROEIDIS G P, PAPAGEORGIOU A S. Estimation of near-fault velocity pulses for intra-plate earthquake sources[C]// Proceedings of the eastern section annual meeting of the Seismological Society of America. Toronto, Canada, 2003.

[80] HALLDÓRSSON B, MAVROEIDIS G P, PAPAGEORGIOU A S. Near-fault and far-field strong ground-motion simulation for earthquake engineering applications using the specific barrier model[J]. Journal of Structural Engineering, 2011, 137(3): 433-444.

[81] RODRIGUEZ-MAREK A, BRAY J D. Seismic site response for near-fault forward directivity ground motions[J]. Journal of Geotechnical and Geoenvironmental Engineering, 2006, 132(12): 1611-1620.

[82] 贾宏宇, 杨健, 郑史雄, 等. 跨断层桥梁抗震研究综述[J]. 西南交通大学学报, 2021, 56(5): 1075-1093..

[83] 李勇, 刘晶波, 李朝红. 基于耗能系梁的双肢高墩刚构桥减震控制研究[J]. 振动与冲击, 2018, 37(15): 130-135.

[84] 李晰, 贾宏宇, 李倩. 近断层地震动作用下大跨度曲线刚构桥台阵试验研究[J]. 振动与冲击, 2017, 36(5): 199-207+237.

[85] 单德山, 顾晓宇, 董俊, 等. 基于可靠度的桥梁构件三维地震易损性分析[J]. 西南交通大学学报,

2019, 54(5): 885-896+882.

[86] 闫维明, 罗振源, 许维炳, 等. 近断层脉冲型地震动作用下高墩连续刚构桥振动台试验研究[J]. 北京工业大学学报, 2020, 46(8): 868-878.

[87] 贾俊峰, 杜修力, 韩强. 近断层地震动特征及其对工程结构影响的研究进展[J]. 建筑结构学报, 2015, 36(1): 1-12.

[88] SEHHATI, R, RODRIGUEZ-MAREK A, EIGAWADY M, et al. Effects of near-fault ground motions and equivalent pulses on multistory structures[J]. Engineering Structures, 2011, 33: 767-779.

[89] CHAMPION, C, LIEL A. The effect of near-fault directivity on building seismic collapse risk[J]. Earthquake Engineering & Structural Dynamics, 2012, 41: 1391-1409.

[90] 周继磊, 杨迪雄, 陈国海, 等. 近断层强震作用结构动力可靠度分析[J]. 建筑结构学报, 2016, 37(7): 136-143.

[91] 李帅, 王景全, 颜晓伟, 等. 近断层地震动空间分布特征对斜拉桥地震响应影响[J]. 土木工程学报, 2016, 49(6): 94-104.

[92] LIN Y Z, ZONG Z H, BI K M, et al. Experimental and numerical studies of the seismic behavior of a steel-concrete composite rigid-frame bridge subjected to the surface rupture at a thrust fault[J]. Engineering Structures, 2020, 205: 110105.

[93] XU W B, LUO Z Y, YAN W M, et al. Impact of pulse parameters on the seismic response of long-period bridges[J]. Structure and Infrastructure Engineering, 2020, 16(10): 1461-1480.

[94] LIN Y Z, ZONG Z H, BI K M, et al. Numerical study of the seismic performance and damage mitigation of steel-concrete composite rigid-frame bridge subjected to across-fault ground motions[J]. Bulletin of Earthquake Engineering, 2020, 18: 6687-6714.

[95] JIA H Y, ZHANG D Y, ZHENG S X, et al. Local site effects on a high-pier railway bridge under tridirectional spatial excitations: nonstationary stochastic analysis[J]. Soil Dynamics and Earthquake Engineering, 2013, 52: 55-69.

[96] 颜桂云, 潘晨阳, 薛潘荣, 等. 近断层脉冲型地震动作用下高层摩擦摆基础隔震结构的减震性能研究[J]. 世界地震工程, 2019, 35(3): 45-55.

[97] 王亚楠, 杜永峰, 李慧. 脉冲型地震动作用下隔震结构动力响应的影响参数研究[J]. 地震工程学报, 2016, 38(5): 707-712.

[98] 王景全, 李帅, 张凡. 采用 SMA 智能橡胶支座的近断层大跨斜拉桥易损性分析[J]. 中国公路学报, 2017, 30(12): 30-38.

[99] 潘毅, 时胜杰, 常志旺, 等. 近断层脉冲地震动对基础隔震结构放大效应的量化分析[J]. 土木工程学报, 2018, 51(11): 8-16.

[100] 吴忠铁, 范萍萍, 杜永峰, 等. 地震波参数对基础隔震体系的减震效果影响研究与试验验证[J]. 土木工程学报, 2019, 52(6): 35-54.

[101] 潘钦锋, 颜桂云, 吴应雄, 等. 近断层脉冲型地震动作用下高层建筑组合隔震的减震性能研究[J]. 振动工程学报, 2019, 32(5): 845-855.

[102] 魏威, 袁勇, 谭平, 等. 考虑压力影响的高阻尼橡胶隔震支座速度相关性本构模型及其地震响应研究[J]. 土木工程学报, 2020, 53(2): 23-32.

[103] 孙治国, 赵泰仪, 王东升, 等. 基于 RSC 体系的双层桥梁排架墩地震损伤控制设计[J]. 中国公路学报, 2020, 33(3): 97-106.

[104] 石岩, 张展宏, 韩建平, 等. 近断层地震动下大跨度铁路连续梁拱桥的自复位性能[J]. 哈尔滨工程大学学报, 2020, 41(3): 390-396.

[105] 李爱群, 张国栋, 吴宜峰. 近断层脉冲地震动作用下泛旗帜型滞回模型的等延性位移谱[J]. 建筑结构学报, 2021, 42(9): 205-212.

[106] 徐龙河, 张格, 颜欣桐. 设置自复位支撑的钢筋混凝土框架结构抗震性能研究[J]. 工程力学, 2020, 37(2): 90-97.

[107] 徐龙河, 张焱, 肖水晶. 底部铰支自复位钢筋混凝土剪力墙设计与性能研究[J]. 工程力学, 2020, 37(6): 122-130.

[108] 陈敬一, 杜修力, 韩强, 等. 摇摆双层桥梁地震反应及抗倒塌能力分析[J]. 工程力学, 2020, 37(10): 56-69.

[109] 钱辉, 李宗翱, 裴金召, 等. 自复位超弹性SMA筋梁柱节点数值模拟研究[J]. 工程力学, 2020, 37(11): 135-145.

[110] 韩淼, 许浒, 杜红凯, 等. 近断层地震下层间隔震结构楼层反应谱[J]. 湖南科技大学学报, 2019, 34(4): 42-49.

[111] 刘德稳, 赵洁, 刘阳. 竖向近断层地震下隔震结构-非结构系统耦合控制研究[J]. 振动与冲击, 2019, 38(22): 130-136.

[112] RIDDELL R. On ground motion intensity indices[J]. Earthquake Spectra, 2007, 23(1): 147-173.

[113] BOMMER J J, Martinez-Pereira A. The prediction of strong-motion duration for engineering design[C]//In Proceedings of the 11th World Conference on Earthquake Engineering. Acapulco Mexico, 1996, 84: 23-28.

[114] BOMMER J J, MARTINEZ-PEREIRA A. Strong-motion parameters: definition, usefulness and predictability[C]//In Proceedings of the 12th World Conference on Earthquake Engineering.New Zealand, Auckland, 2000.

[115] MOHAMMADREZA M, MOJTABA H, ATEFE D, et al. Incorporation of strong motion duration in incremental-based seismic assessments[J]. Engineering Structures, 2020, 223: 111144.

[116] LÓPEZ-CASTAÑEDA A S, REINOSO E. Strong-motion duration predictive models from subduction interface earthquakes recorded in the hill zone of the Valley of Mexico[J]. Soil Dynamics and Earthquake Engineering, 2021, 144: 106676.

[117] 杜东升, 宋宝玺, 许伟志, 等. 高层钢结构考虑长周期地震动的减震加固研究[J]. 工程力学, 2020, 37(7): 189-200.

[118] 韩建平, 程诗焱, 于晓辉, 等. 地震动持时对 RC 框架结构易损性与抗震性能影响[J]. 建筑结构学报, 2021, 42(11): 116-127.

[119] 孙晓丹, 李宇盎. 基于 NGA 强震数据的地震动显著持时研究[J]. 地震工程与工程振动, 2019, 39(1):

70-79.

[120] AMBRASEYS N N, SARMA S K. The response of earth dams to strong earthquakes[J]. Geotechnique, 1967, 17(3): 181-213.

[121] BOLT B A. Duration of strong ground motion[C]//In Proceedings of the 5th World Conference on Earthquake Engineering, 1973, 1: 1304-1313.

[122] TRIFUNAC M D, BRADY A G. A study on the duration of strong earthquake ground motion[J]. Bulletin of the Seismological Society of America, 1975, 65(3): 581-626.

[123] ARIAS A. A measure of earthquake intensity[J]. Seismic Design for Nuclear Power Plants, 1970: 438-483.

[124] HUSID R. Características de terremotos. Analisis general[J]. Revista IDIEM, 1969; 8(1): 21-42.

[125] SARMA S K. Energy flux of strong earthquakes[J]. Tectonophysics, 1971, 11(3): 159-173.

[126] SHAHI S K. A probabilistic framework to include the effects of near-fault directivity in seismic hazard assessment[M]. California: Stanford University, 2013.

[127] REPAPIS C C, MIMOGLOU P P, DIMAKOPOULOU V V, et al. Efficient strong motion duration of pulse-like records for nonlinear structural analyses[J]. Earthquake Engineering and Structural Dynamics, 2020, 49(5): 479-497.

[128] HUANG N E, SHEN Z, LONG S R, et al. The empirical mode decomposition and the Hilbert spectrum for nonlinear and nonstationary time series analysis[J].Proceedings of the Royal Society of London. Series A: mathematical, physical and engineering sciences, 1998, 454(1971): 903-995.

[129] 张琪, 陈希, 郑向远. 美国加州 Ridgecrest 地震的地震动特性分析[J]. 湖南大学学报（自然科学版）, 2021, 48(1): 108-116.

[130] 李英民, 赵晨晓, 谭潜. 基于 HHT 地震动分量分离的长周期地震动界定方法[J]. 振动与冲击, 2018, 37(7): 164-171+219.

[131] 鲁银涛, 曹晓初, 冉伟民, 等. 希尔伯特-黄变换在浅海沉积体系地震精细识别刻画中的应用[J]. 海洋学报, 2021, 43(5): 100-109.

[132] 程顺, 黄天立, 李守文, 等. 反应谱兼容的时频非平稳地震动合成及其对结构非线性响应的影响[J]. 中南大学学报（自然科学版）, 2021, 52(3): 701-712.

[133] HUANG, N E, CHEN X, LO M, et al. On Hilbert spectral representation: a true time-frequency representation for nonlinear and nonstationary data[J]. Advances in Adaptive Data Analysis, 2011, 3: 63-93.

[134] YU S B, KUO L C, HSU Y J, et al. Preseismic deformation and coseismic displacements associated with the 1999 Chi-Chi, Taiwan, earthquake[J]. Bulletin of the Seismological Society of America. 2001, 91(5): 995-1012.

[135] XIE J J, ZENG W, GAO M. Recory of co-seismic deformation from strong motion records during the Wenchuan earthquake[J]. Acta Seismologica Sinica, 2013, 35(3): 369-379.

[136] ZHOU S, IRIKURA K, CHEN X. Analysis of the reliability and resolution of the earthquake source history inferred from waveforms, taking the ChiChi earthquake as an example[J]. Geophysical Journal International, 2004, 157(3): 1217-1232.

[137] CHEN X, WANG D. Multi-pulse characteristics of near-fault ground motions[J]. Soil Dynamics and Earthquake Engineering, 2020, 137: 106275.

[138] FACCIOLI E, PAOLUCCI R, REY J. Displacement spectra for long periods[J]. Earthquake Spectra, 2004, 20(2): 347-376.

[139] 张锐, 成虎, 吴浩, 等. 时程分析考虑高阶振型影响的多频段地震波选择方法研究[J]. 工程力学, 2018, 35(6): 162-172.

[140] 张锐, 王东升, 陈笑宇, 等. 考虑高阶振型影响的时程分析加权调整选波方法[J]. 土木工程学报, 2019, 52(9): 53-68.

[141] 陈华霆, 谭平. 非线性基础隔震结构复振型反应谱设计方法[J]. 建筑结构学报, 2022, 43(2): 1-12.

[142] AKKAR S, BOORE D M. On baseline corrections and uncertainty in response spectra for baseline variations commonly encountered in digital accelerograph records[J]. Bulletin of the Seismological Society of America, 2009, 99(3): 1671-1690.

[143] WU Z, HUANG N E. Ensemble empirical mode decomposition: A noise-assisted data analysis method[J]. Advances in Adaptive Data Analysis, 2009, 1(1): 1-41.

[144] HUANG N E, WU Z, LONG S R, et al. On instantaneous frequency[J]. Advances in Adaptive Data Analysis, 2009, 1(2): 177-229.

[145] BAKER J W, LIN T, SHAHI S K, et al. New ground motion selection procedures and selected motions for the PEER transportation research program[J]. PEER Report, 2011, 3: 2011.

[146] MUKHOPADHYAY S, GUPTA V K. Directivity pulses in near-fault ground motions—I: Identification, extraction and modeling[J]. Soil Dynamics and Earthquake Engineering, 2013, 50: 1-15.

[147] XU L, ZHAO G C, CHEN Y, et al. A probabilistic methodology to determine elastic acceleration response spectra for pulse-type records through multi-resolution analyses[J]. Journal of Earthquake Engineering, 2016, 20(1): 129-155.

[148] MALHOTRA P K. Response of buildings to nea-field pulse-like ground motions[J]. Earthquake Engineering & Structural Dynamics, 1999, 28(11): 1309-1326.

[149] 耿萍, 曾冠雄, 郭翔宇, 等. 近场脉冲地震作用下穿越断层带隧道地震响应[J]. 中国公路学报, 2020, 33(5): 122-131.

[150] 江辉, 王宝喜, 王志刚, 等. 不同类型地震动下深水高桩承台群桩基础动力响应对比研究[J]. 建筑结构, 2018, 48(S2): 818-826.

[151] DOWNING S D, SOCIE D F. Simple rainflow counting algorithms[J]. International Journal of Fatigue, 1982, 4(1): 31-40.

[152] VELETSOS A S, NEWMARK N M, CHELAPATI C V. Deformation spectra for elastic and elastoplastic systems subjected to ground shock and earthquake motions[C]//Proceedings of the 3rd World Conference on Earthquake Engineering, 1965, 2: 663-682.

[153] BRILLINGER D R, PREISLER H K. Further analysis of the Joyner-Boore attenuation data[J]. Bulletin of the Seismological Society of America, 1985, 75(2): 611-614.

[154] ABRAHAMSON N A, YOUNGS R R. A stable algorithm for regression analyses using the random effects model[J]. Bulletin of the Seismological Society of America, 1992, 82(1): 505-510.

[155] JOSHI S, PRASHANT A, DEB A, et al. Analysis of buried pipelines subjected to reverse fault motion[J]. Soil Dynamics and Earthquake Engineering, 2011, 31(7): 930-940.

[156] ALI W, SHIEH S. Earthquake repeat time, stress drop, type of slip and earthquake magnitude[J]. Journal of Geology & Geophysics, 2012, 2: 1-8.

[157] SHAPIRO S A, DINSKE C. Stress drop, seismogenic index and fault cohesion of fluid-induced earthquakes[J]. Rock Mechanics and Rock Engineering, 2021, 54(10): 5483-5492.

[158] MOHAMMADIOUN B, SERVA L. Stress drop, slip type, earthquake magnitude, and seismic hazard[J]. Bulletin of the Seismological Society of America, 2001, 91(4): 694-707.

[159] 邱志刚, 罗奇峰. 几条地震波的归一化时-频反应谱分析[J]. 地球物理学报, 2015, 58(4): 1251-1258.

[160] 杨福剑. 近断层地震动模拟与框架结构地震响应分析[D]. 大连: 大连理工大学, 2019.

[161] OHTORI Y, CHRISTENSON R E, SPENCER B F, et al. Benchmark control problems for seismically excited nonlinear buildings [J]. Journal of Engineering Mechanics, 2004, 130(40): 366-385.

[162] GUPTA A, KRAWINKLER H. Seismic Demands for Performance Evaluation of Steel Moment Resisting Frame Structures, SAC Task 5.4.3 [R]. Palo Alto, US: Blume Earthquake Engineering Center, 1999.

[163] Chopra A K. Estimating seismic demands for performance-based engineering of buildings [C]// Proceedings of the 13th World Conference on Earthquake Engineering. Mira Digital Publishing, Canada, 2004.

[164] 张锐. 结构抗震时程分析输入地震波选择方法研究[D]. 大连: 大连理工大学, 2020.

[165] MEHRDAD M, HUSSAM M. Multi-resolution analysis of the SAC steel frames with RBS connections under fire [J]. Fire Safty Journal, 2018, 98: 90-108.

本书样本数据库

样本数据库 92 条强震记录　　　　表 A.1

序号	NGA RSN	地震事件	年份	台站	矩震级	断层距（km）	30m剪切波速（m/s）	断层类型
1	170	Imperial Valley-06	1979	EC County Center FF	6.5	7.3	192.05	走滑
2	171	Imperial Valley-06	1979	EC Meloland Overpass FF	6.5	0.1	264.57	走滑
3	179	Imperial Valley-06	1979	El Centro Array #4	6.5	7.1	208.91	走滑
4	180	Imperial Valley-06	1979	El Centro Array #5	6.5	3.9	205.63	走滑
5	181	Imperial Valley-06	1979	El Centro Array #6	6.5	1.4	203.22	走滑
6	182	Imperial Valley-06	1979	El Centro Array #7	6.5	0.6	210.51	走滑
7	183	Imperial Valley-06	1979	El Centro Array #8	6.5	3.9	206.08	走滑
8	184	Imperial Valley-06	1979	El Centro Differential Array	6.5	5.1	202.26	走滑
9	451	Morgan Hill	1984	Coyote Lake Dam (SW Abut)	6.2	0.5	561.43	走滑
10	763	Loma Prieta	1989	Gilroy-Gavilan Coll	6.9	10.0	729.65	逆斜
11	779	Loma Prieta	1989	LGPC	6.9	3.9	594.83	逆斜
12	879	Landers	1992	Lucerne	7.3	2.2	1369.0	走滑
13	900	Landers	1992	Yermo Fire	7.3	23.6	353.63	走滑
14	982	Northridge-01	1994	Jensen Filter Plant	6.7	5.4	373.07	逆
15	983	Northridge-01	1994	Jensen Filter Plant Generator	6.7	5.4	525.79	逆
16	1044	Northridge-01	1994	Newhall-Fire Sta	6.7	5.9	269.14	逆
17	1045	Northridge-01	1994	Newhall-W Pico Canyon Road	6.7	5.5	285.93	逆
18	1063	Northridge-01	1994	Pacoima Dam (upper left)	6.7	6.5	282.25	逆
19	1084	Northridge-01	1994	Rinaldi Receiving Station	6.7	5.4	251.24	逆
20	1085	Northridge-01	1994	Sylmar-Converter Station	6.7	5.2	370.52	逆
21	1086	Northridge-01	1994	Sylmar-Converter Station East	6.7	5.3	440.54	逆
22	1106	Kobe, Japan	1995	KJMA	6.9	1.0	312.0	走滑
23	1119	Kobe, Japan	1995	Takarazuka	6.9	0.3	312.0	走滑
24	1161	Kocaeli, Turkey	1999	Gebze	7.5	10.9	792.0	走滑
25	1197	Chi-Chi, China	1999	CHY028	7.6	3.1	542.61	逆斜
26	1244	Chi-Chi, China	1999	CHY101	7.6	10.0	258.89	逆斜

续表

序号	NGA RSN	地震事件	年份	台站	矩震级	断层距（km）	30m 剪切波速（m/s）	断层类型
27	1489	Chi-Chi, China	1999	TCU049	7.6	3.8	487.27	逆斜
28	1492	Chi-Chi, China	1999	TCU052	7.6	0.7	579.1	逆斜
29	1493	Chi-Chi, China	1999	TCU053	7.6	6.0	454.55	逆斜
30	1494	Chi-Chi, China	1999	TCU054	7.6	5.3	460.69	逆斜
31	1505	Chi-Chi, China	1999	TCU068	7.6	0.3	487.34	逆斜
32	1510	Chi-Chi, China	1999	TCU075	7.6	0.9	573.02	逆斜
33	1511	Chi-Chi, China	1999	TCU076	7.6	2.8	614.98	逆斜
34	1515	Chi-Chi, China	1999	TCU082	7.6	5.2	472.81	逆斜
35	1519	Chi-Chi, China	1999	TCU087	7.6	7.0	538.69	逆斜
36	1528	Chi-Chi, China	1999	TCU101	7.6	2.1	389.41	逆斜
37	1529	Chi-Chi, China	1999	TCU102	7.6	1.5	714.27	逆斜
38	1530	Chi-Chi, China	1999	TCU103	7.6	6.1	494.1	逆斜
39	1546	Chi-Chi, China	1999	TCU122	7.6	9.4	475.46	逆斜
40	1595	Chi-Chi, China	1999	WGK	7.6	10.0	—	—
41	1203	Chi-Chi, China	1999	CHY036	7.6	16.1	233.14	逆斜
42	1176	Kocaeli, Turkey	1999	Yarimca	7.5	4.8	297.0	走滑
43	1402	Chi-Chi, China	1999	NST	7.6	38.4	491.08	逆斜
44	1158	Kocaeli, Turkey	1999	Duzce	7.5	15.4	281.86	走滑
45	768	Loma Prieta	1989	Gilroy Array#4	6.9	14.3	221.78	逆斜
46	1499	Chi-Chi, China	1999	TCU060	7.6	8.5	375.42	逆斜
47	558	Chalfant Valley-02	1986	Zack Brothers Ranch	6.2	7.6	316.19	走滑
48	1543	Chi-Chi, China	1999	TCU118	7.6	26.8	236.19	逆斜
49	2114	Denali, Alaska	2002	TAPS Pump Station #10	7.9	2.7	329.4	走滑
50	900	Landers	1992	Yermo Fire Station	7.3	23.6	353.63	走滑
51	1084	Northridge-01	1994	Sylmar-Converter Sta	6.7	5.4	251.24	逆
52	527	N. Palm Springs	1986	Morongo Valley	6.1	12.1	396.41	逆斜
53	776	Loma Prieta	1989	Hollister-South & Pine	6.9	27.9	282.14	逆斜
54	1495	Chi-Chi, China	1999	TCU055	7.6	6.4	359.13	逆斜
55	1194	Chi-Chi, China	1999	CHY025	7.6	19.1	277.5	逆斜
56	161	Imperial Valley-06	1979	Brawley Airport	6.5	10.4	208.71	走滑
57	1605	Duzce, Turkey	1999	Düzce	7.1	6.6	281.86	走滑
58	1500	Chi-Chi, China	1999	TCU061	7.6	17.2	379.64	逆斜

续表

序号	NGA RSN	地震事件	年份	台站	矩震级	断层距（km）	30m剪切波速（m/s）	断层类型
59	802	Loma Prieta	1989	Saratoga-Aloha Ave	6.9	8.5	380.89	逆斜
60	6	Imperial Valley-02	1940	El Centro Array #9	7.0	6.1	213.44	走滑
61	982	Northridge-01	1994	Jensen Filter Plant	6.7	5.4	373.07	逆
62	1527	Chi-Chi, China	1999	TCU100	7.6	11.4	535.13	逆斜
63	161	Imperial Valley-06	1979	Brawley Airport	6.5	10.4	208.71	走滑
64	1013	Northridge-01	1994	LA Dam	6.7	5.9	628.99	逆
65	180	Imperial Valley-06	1979	El Centro Array #5	6.5	3.9	205.63	走滑
66	292	Irpinia, Italy-01	1980	Sturno (STN)	6.9	10.8	382.0	正
67	415	Coalinga-05	1983	Transmitter Hill	5.8	9.5	477.25	逆
68	825	Cape Mendocino	1992	Cape Mendocino	7.01	6.9	567.78	逆
69	1054	Northridge	1994	Pardee - SCE	6.69	7.5	325.67	逆
70	412	Coalinga-05	1983	Pleasant Valley P.P. - yard	5.8	16.1	257.38	逆
71	787	Loma Prieta	1989	Palo Alto - SLAC Lab	6.9	30.9	425.3	逆斜
72	174	Imperial Valley-06	1979	El Centro Array #11	6.5	12.6	196.25	走滑
73	960	Northridge-01	1994	Canyon Country- W Lost Cany	6.7	12.4	325.6	逆
74	1496	Chi-Chi, China	1999	TCU056	7.6	10.5	403.2	逆斜
75	1329	Chi-Chi, China	1999	ILA037	7.6	84.1	210.17	逆斜
76	20	Northern Calif-03	1954	Ferndale City Hall	6.5	27.0	219.31	走滑
77	—	Imperial Valley-06	1979	H-QKP085	6.5	—	—	—
78	1158	Kocaeli, Turkey	1999	Duzce	7.5	15.4	281.86	走滑
79	1602	Duzce, Turkey	1999	Bolu	7.1	12.0	293.57	走滑
80	558	Chalfant Valley-02	1986	Zack Brothers Ranch	6.2	7.6	316.19	走滑
81	1054	Northridge-01	1994	Pardee-SCE	6.7	7.5	325.67	逆
82	1493	Chi-Chi, China	1999	TCU053	7.6	5.9	454.55	逆斜
83	777	Loma Prieta	1989	Hollister City Hall	6.9	27.60	198.77	逆斜
84	165	Imperial Valley	1979	6621 Chihuahua	6.5	7.29	242.05	走滑
85	1485	Chi-Chi, China	1999	TCU045	7.6	26.0	704.64	逆斜
86	1524	Chi-Chi, China	1999	TCU095	7.6	45.18	446.63	逆斜
87	1534	Chi-Chi, China	1999	TCU107	7.6	20.35	409.0	逆斜
88	6	Imperial Valley	1940	117 El Centro Array #9(180)	6.9	8.30	213.44	走滑
89	6	Imperial Valley	1940	117 El Centro Array #9(270)	6.9	8.30	213.44	走滑
90	231	Mammoth Lakes	1980	Long Valley Dam (0)	6.1	15.46	537.16	正斜

序号	NGA RSN	地震事件	年份	台站	矩震级	断层距 （km）	30m 剪切波速 （m/s）	断层类型
91	8119	Christchurch, New Zealand	2011	Pages Road Pumping	6.2	1.98	206.0	逆斜
92	77	San Fernando	1971	Pacoima Dam (upper left abut)	6.6	1.81	2016.13	逆

注：1. 序号 1～40，40 条典型近断层记录；

2. 序号 41～61，21 条脉冲特性未被仔细调研的记录；

3. 序号 62～82，21 条其他判定方法中有争议的记录；

4. 序号 83～90，8 条典型远断层记录；

5. 序号 91～92，2 条典型多脉冲记录；

6. 序号 40 和序号 77 未来源于 NGA 数据库，数据记录获取自 COSMOS 地震记录数据库，地震信息暂时缺失；

7. 表中"Sta"为"Station"的缩写形式。

近断层地震动脉冲特性参数   表 A.2

序号	NGA RSN	地震事件	年份	台站	脉冲周期 HHT（s）	脉冲周期 Baker[25]（s）	周期 相对误差
1	170	Imperial Valley-06	1979	EC County Center FF	5.586	4.5	0.24
					5.588	—	—
2	171	Imperial Valley-06	1979	EC Meloland Overpass FF	2.590	3.3	0.21
3	179	Imperial Valley-06	1979	El Centro Array #4	4.587	4.6	0.002
4	180	Imperial Valley-06	1979	El Centro Array #5	4.225	4.0	0.05
5	181	Imperial Valley-06	1979	El Centro Array #6	3.843	3.8	0.01
6	182	Imperial Valley-06	1979	El Centro Array #7	2.758	4.2	0.34
7	183	Imperial Valley-06	1979	El Centro Array #8	4.622	5.4	0.14
8	184	Imperial Valley-06	1979	El Centro Differential Array	5.985	5.9	0.01
9	451	Morgan Hill	1984	Coyote Lake Dam (SW Abut)	0.959	1.0	0.04
					1.038	—	—
					1.016	—	—
10	763	Loma Prieta	1989	Gilroy-Gavilan Coll	2.027	1.8	0.12
11	779	Loma Prieta	1989	LGPC	4.361	4.4	0.009
12	879	Landers	1992	Lucerne	5.995	5.1	0.17
13	900	Landers	1992	Yermo Fire	6.655	7.5	0.11
					5.032	—	—
14	982	Northridge-01	1994	Jensen Filter Plant	2.345	3.5	0.33
15	983	Northridge-01	1994	Jensen Filter Plant Generator	2.187	3.5	0.37
					2.287	—	—
					2.399	—	—

续表

序号	NGA RSN	地震事件	年份	台站	脉冲周期 HHT（s）	脉冲周期 Baker[25]（s）	周期 相对误差
16	1044	Northridge-01	1994	Newhall-Fire Sta	1.265	—	—
					1.151	1.0	0.15
17	1045	Northridge-01	1994	Newhall-W Pico Canyon Rd	2.099	2.4	0.12
18	1063	Northridge-01	1994	Rinaldi Receiving Sta	1.399	1.2	0.16
					1.206	—	—
19	1084	Northridge-01	1994	Sylmar-Converter Sta	1.441	3.5	0.58
					1.896	—	—
					2.756	—	—
20	1085	Northridge-01	1994	Sylmar-Converter Sta East	2.069	—	—
					3.169	3.5	0.09
					2.392	—	—
21	1086	Northridge-01	1994	Sylmar-Olive View Med FF	2.111	—	—
					2.912	3.1	0.06
22	1106	Kobe, Japan	1995	KJMA	0.91	1.02	0.06
					0.95		
23	1119	Kobe, Japan	1995	Takarazuka	1.835	2.0	0.08
					1.732		
24	1161	Kocaeli, Turkey	1999	Gebze	5.022	5.9	0.15
25	1197	Chi-Chi, China	1999	CHY028	2.525	2.2	0.15
26	1244	Chi-Chi, China	1999	CHY101	4.019	—	—
					4.850	4.8	0.01
					4.508	—	—
27	1489	Chi-Chi, China	1999	TCU049	7.122	11.8	0.39
28	1492	Chi-Chi, China	1999	TCU052	7.500	8.4	0.11
29	1493	Chi-Chi, China	1999	TCU053	6.892	12.9	0.46
					7.114	—	—
30	1494	Chi-Chi, China	1999	TCU054	8.767	10.5	0.16
31	1505	Chi-Chi, China	1999	TCU068	10.675	12.2	0.12
32	1510	Chi-Chi, China	1999	TCU075	6.640	5.1	0.30
33	1511	Chi-Chi, China	1999	TCU076	3.555	4.0	0.11
34	1515	Chi-Chi, China	1999	TCU082	4.797	9.2	0.46
					5.243	—	—

序号	NGA RSN	地震事件	年份	台站	脉冲周期 HHT（s）	脉冲周期 Baker[25]（s）	周期 相对误差
35	1519	Chi-Chi, China	1999	TCU087	6.374	9.0	0.29
					6.668	—	—
36	1528	Chi-Chi, China	1999	TCU101	7.871	10.0	0.22
37	1529	Chi-Chi, China	1999	TCU102	5.947	9.7	0.38
38	1530	Chi-Chi, China	1999	TCU103	6.775	8.3	0.18
					6.205	—	—
39	1546	Chi-Chi, China	1999	TCU122	8.699	10.9	0.20
40	1595	Chi-Chi, China	1999	WGK	3.426	4.4	0.22
41	1203	Chi-Chi, China	1999	CHY036	6.206	—	—
42	1176	Kocaeli, Turkey	1999	Yarimca	4.607	5.1	0.09
43	1402	Chi-Chi, China	1999	NST	5.229	7.8	0.32
44	1605	Kocaeli, Turkey	1999	Duzce	4.872	5.9	0.17
45	768	Loma Prieta	1989	Gilroy Array#4	1.373	—	—
46	1499	Chi-Chi, China	1999	TCU060	9.776	—	—
					12.221	12.0	0.01
					6.702	—	—
47	558	Chalfant Valley-02	1986	Zack Brothers Ranch	1.303	—	—
					1.426	—	—
48	1543	Chi-Chi, China	1999	TCU118	4.040	—	—
49	2114	Denali, Alaska	2002	TAPS Pump Station #10	2.451	3.1	0.21
50	900	Landers	1992	Yermo Fire Station	6.655	7.5	0.11
					5.032	—	—
51	1084	Northridge-01	1994	Sylmar-Converter Sta	1.441	—	—
					1.896	3.5	0.36
					2.756	—	—
52	527	N.Palm Springs	1986	Morongo Valley	1.598	1.5	0.06
53	776	Loma Prieta	1989	Hollister-South & Pine	4.495	—	—
54	1495	Chi-Chi, China	1999	TCU055	4.441	—	—
55	1194	Chi-Chi, China	1999	CHY025	4.877	—	—
56	161	Imperial Valley-06	1979	Brawley Airport	5.963	4.0	0.49
					8.236	—	—
					5.249	—	—

序号	NGA RSN	地震事件	年份	台站	脉冲周期 HHT（s）	脉冲周期 Baker[25]（s）	周期 相对误差
57	1605	Duzce, Turkey	1999	Duzce	4.872	5.9	0.17
58	1500	Chi-Chi, China	1999	TCU061	6.313	—	—
59	802	Loma Prieta	1989	Saratoga-Aloha Ave	3.411	4.5	0.24
					4.081	—	
60	6	Imperial Valley-02	1940	El Centro Array #9	—	—	—
61	982	Northridge-01	1994	Jensen Filter Plant	2.345	3.5	0.33
62	1527	Chi-Chi, China	1999	TCU100	6.794	—	—
					4.358	—	—
63	161	Imperial Valley-06	1979	Brawley Airport	3.132	4.4	0.28
64	1013	Northridge-01	1994	LA Dam	1.711	1.7	0.006
					1.187	—	—
65	180	Imperial Valley-06	1979	El Centro Array #5	4.225	4.0	0.05
66	292	Irpinia, Italy-01	1980	Sturno (STN)	3.626	3.1	0.17
					3.944	—	—
					5.604	—	—
67	415	Coalinga-05	1983	Transmitter Hill	1.008	0.9	0.12
68	825	Cape Mendocino	1992	Cape Mendocino	5.044	4.7	0.07
69	1054	Northridge	1994	Pardee-SCE	1.453	—	—
					1.333	—	—
					1.698	—	—
70	412	Coalinga-05	1983	Pleasant Valley P.P.-yard	—	—	—
71	787	Loma Prieta	1989	Palo Alto-SLAC Lab	2.028	—	—
72	174	Imperial Valley-06	1979	El Centro Array #11	3.565	7.4	0.51
					2.778	—	
73	960	Northridge-01	1994	Canyon Country-W Lost Cany	1.725	—	—
74	1496	Chi-Chi, China	1999	TCU056	6.337	—	—
					6.818	12.9	0.47
					5.063	—	—
					4.999	—	—
					5.784	—	—

续表

序号	NGA RSN	地震事件	年份	台站	脉冲周期 HHT（s）	脉冲周期 Baker[25]（s）	周期 相对误差
75	1329	Chi-Chi, China	1999	ILA037	2.141	2.2	0.02
76	20	Northern Calif-03	1954	Ferndale City Hall	2.392	2.0	0.19
77	—	Imperial Valley-06	1979	H-QKP085	1.191	—	—
					2.167	—	—
					0.960	—	—
78	1158	Kocaeli, Turkey	1999	Duzce	4.872	5.9	0.17
79	1602	Duzce, Turkey	1999	Bolu	0.695	0.8	0.13
80	558	Chalfant Valley-02	1986	Zack Brothers Ranch	1.303	—	—
					1.426	—	—
81	1054	Northridge-01	1994	Pardee-SCE	1.453	—	—
					1.333	—	—
					1.698	—	—
82	1493	Chi-Chi, China	1999	TCU053	6.892	12.9	0.46
					7.114	—	—
83	777	Loma Prieta	1989	Hollister City Hall	—	—	—
84	165	Imperial Valley	1979	6621 Chihuahua	—	—	—
85	1485	Chi-Chi, China	1999	TCU045	—	—	—
86	1524	Chi-Chi, China	1999	TCU095	—	—	—
87	1534	Chi-Chi, China	1999	TCU107	—	—	—
88	6	Imperial Valley	1940	117 El Centro Array #9 (180)	—	—	—
89	6	Imperial Valley	1940	117 El Centro Array #9 (270)	—	—	—
90	231	Mammoth Lakes	1980	Long Valley Dam (0)	—	—	—
91	8119	Christchurch, New Zealand	2011	Pages Road Pumping	3.732	—	—
					2.21	—	—
92	77	San Fernando	1971	Pacoima Dam (upper left abut)	2.399	1.6	0.49
					2.219	—	—
					2.227	—	—

注：1. 序号1～40，40条典型近断层记录；

2. 序号41～61，21条脉冲特性未被仔细调研的记录；

3. 序号62～82，21条其他判定方法中有争议的记录；

4. 序号83～90，8条典型远断层记录；

5. 序号91～92，2条典型多脉冲记录；

6. 一为不能用小波方法求解的脉冲周期。

附 录 B

各记录脉冲特性参数

近断层地震动脉冲特性参数 表 B.1

序号	NGA RSN	地震事件	年份	台站	矩震级	V_{s30}（cm/s）	断层类型	脉冲个数	脉冲周期（s）	脉冲幅值（cm）
1	77	San Fernando	1971	Pacoima Dam (upper left abut)	6.6	—	逆	3	2.399	114.5
									2.219	36.87
									2.227	63.99
2	150	Coyote Lake	1979	Gilroy Array #6	5.7	663.31	走滑	2	1.244	28.42
									1.279	11.56
3	158	Imperial Valley-06	1979	Aeropuerto Mexicali	6.5	259.86	走滑	4	2.319	36.92
									3.003	19.80
									1.846	28.15
									2.577	15.34
4	159	Imperial Valley-06	1979	Agrarias	6.5	242.05	走滑	3	1.542	43.09
									1.853	30.59
									3.202	17.77
5	161	Imperial Valley-06	1979	Brawley Airport	6.5	208.71	走滑	3	6.805	22.70
									7.481	18.19
									5.119	11.83
6	170	Imperial Valley-06	1979	EC County Center FF	6.5	192.05	走滑	2	5.586	39.18
									4.548	18.45
7	173	Imperial Valley-06	1979	El Centro Array #10	6.5	202.85	走滑	3	5.318	31.55
									4.911	21.08
									4.556	19.01
8	174	Imperial Valley-06	1979	El Centro Array #11	6.5	196.25	走滑	2	3.528	21.53
									2.788	14.59
9	178	Imperial Valley-06	1979	El Centro Array #3	6.5	162.94	走滑	1	4.431	25.63
10	179	Imperial Valley-06	1979	El Centro Array #4	6.5	208.91	走滑	1	4.729	57.98
11	180	Imperial Valley-06	1979	El Centro Array #5	6.5	205.63	走滑	1	4.225	84.82
12	181	Imperial Valley-06	1979	El Centro Array #6	6.5	203.22	走滑	1	3.948	96.86
13	182	Imperial Valley-06	1979	El Centro Array #7	6.5	210.51	走滑	1	2.769	79.58

序号	NGA RSN	地震事件	年份	台站	矩震级	V_{s30}（cm/s）	断层类型	脉冲个数	脉冲周期（s）	脉冲幅值（cm）
14	183	Imperial Valley-06	1979	El Centro Array #8	6.5	206.08	走滑	1	4.699	36.41
15	184	Imperial Valley-06	1979	El Centro Differential Array	6.5	202.26	走滑	1	6.034	36.24
16	185	Imperial Valley-06	1979	Holtville Post Office	6.5	202.89	走滑	1	5.715	44.14
17	250	Mammoth Lakes-06	1980	Long Valley Dam (upper left abut)	5.9	537.16	走滑	1	1.163	25.98
18	292	Irpinia, Italy-01	1980	Sturno (STN)	6.9	382	正	3	3.529	35.34
									3.982	18.62
									4.722	21.69
19	316	Westmorland	1981	Parachute Test Site	5.9	348.69	走滑	2	4.047	34.58
									3.665	12.06
20	451	Morgan Hill	1984	Coyote Lake Dam (SW Abut)	6.2	561.43	走滑	3	0.949	44.07
									1.028	39.91
									1.020	24.00
21	459	Morgan Hill	1984	Gilroy Array #6	6.2	663.31	走滑	3	0.674	10.05
									1.039	17.74
									1.027	16.12
22	503	China SMART1(40)	1986	SMART1 C00	6.3	309.41	逆	3	1.661	28.10
									2.178	19.91
									2.843	12.80
23	508	China SMART1(40)	1986	SMART1 M07	6.3	327.61	逆	4	1.519	21.86
									2.223	13.06
									1.762	8.13
									1.656	9.17
24	529	North Palm Springs	1986	North Palm Springs	6.1	344.67	逆斜	1	1.559	49.90
25	568	San Salvador	1986	Geotech Investigation Center	5.8	489.34	走滑	3	1.109	30.61
									1.472	25.01
									1.032	16.43
26	615	Whittier Narrows-01	1987	Downey-company	6.0	271.9	逆斜	2	0.829	20.71
									0.845	13.36
27	645	Whittier Narrows-01	1987	LB-Orange Ave.	6.0	344.72	逆斜	3	0.827	24.59
									0.921	19.59
									0.984	9.77

续表

序号	NGA RSN	地震事件	年份	台站	矩震级	V_{s30}（cm/s）	断层类型	脉冲个数	脉冲周期（s）	脉冲幅值（cm）
28	723	Superstition Hills-02	1987	Parachute Test Site	6.5	348.69	走滑	4	3.242	102.5
									3.874	61.05
									3.447	28.43
									3.721	38.32
29	738	Loma Prieta	1989	Alameda Naval Air Station Hanger	6.9	190	逆斜	3	2.283	29.15
									2.806	12.53
									2.968	10.06
30	766	Loma Prieta	1989	Gilroy Array #2	6.9	270.84	逆斜	3	1.629	35.37
									0.993	26.44
									1.067	22.60
31	783	Loma Prieta	1989	Oakland-Outer Harbor Wharf	6.9	248.62	逆斜	2	2.370	36.08
									2.136	26.73
32	802	Loma Prieta	1989	Saratoga-Aloha Ave.	6.9	380.89	逆斜	2	3.495	52.01
									3.586	27.70
33	821	Erzican, Turkey	1992	Erzincan	6.7	352.05	走滑	1	3.099	77.95
34	828	Cape Mendocino	1992	Petrolia	7.0	422.17	逆	1	2.813	55.55
35	838	Landers	1992	Barstow	7.3	370.08	走滑	3	6.432	20.38
									8.012	7.99
									8.575	12.08
36	879	Landers	1992	Lucerne	7.3	—	走滑	1	5.087	97.42
37	900	Landers	1992	Yermo Fire	7.3	353.63	走滑	2	6.379	32.26
									5.705	44.68
38	982	Northridge-01	1994	Jensen Filter Plant	6.7	373.07	逆	2	2.573	80.94
									2.346	45.23
39	983	Northridge-01	1994	Jensen Filter Plant Generator	6.7	525.79	逆	3	2.187	56.14
									2.287	53.81
									2.399	30.70
40	1013	Northridge-01	1994	LA-Wadsworth VA Hospital North	6.7	628.99	逆	2	1.721	59.77
									1.189	32.94
41	1045	Northridge-01	1994	LA Dam	6.7	285.93	逆	1	1.943	82.54
42	1050	Northridge-01	1994	Newhall-West Pico Canyon Rd.	6.7	—	逆	2	1.868	11.71
									1.754	15.42

序号	NGA RSN	地震事件	年份	台站	矩震级	V_{s30} （cm/s）	断层类型	脉冲个数	脉冲周期（s）	脉冲幅值（cm）
43	1051	Northridge-01	1994	Pacoima Dam (downstream)	6.7	—	逆	2	1.069	55.88
									0.875	40.07
44	1063	Northridge-01	1994	Pacoima Dam (upper left)	6.7	282.25	逆	2	1.387	104.7
									1.206	60.11
45	1084	Northridge-01	1994	Rinaldi Receiving Station	6.7	251.24	逆	3	1.373	107.1
									1.854	85.35
									2.521	96.08
46	1085	Northridge-01	1994	Sylmar-Converter Station	6.7	370.52	逆	3	2.169	60.59
									3.436	40.48
									2.393	25.98
47	1086	Northridge-01	1994	Sylmar-Converter Station East	6.7	440.54	逆	2	2.152	72.23
									3.262	41.72
48	1119	Kobe, Japan	1995	Takarazuka	6.9	312	走滑	1	1.835	72.36
49	1120	Kobe, Japan	1995	Takatori	6.9	256	走滑	3	1.234	84.53
									1.772	155.3
									2.625	86.63
50	1161	Kocaeli, Turkey	1999	Gebze	7.5	792	走滑	1	4.818	41.65
51	1182	Chi-Chi, China	1999	CHY006	7.6	438.19	逆斜	3	2.865	40.62
									2.658	25.92
									3.184	17.67
52	1202	Chi-Chi, China	1999	CHY035	7.6	573.04	逆斜	3	1.358	24.33
									1.577	28.07
									1.961	18.86
53	1244	Chi-Chi, China	1999	CHY101	7.6	258.89	逆斜	3	4.032	46.37
									5.149	60.37
									4.838	26.95
54	1410	Chi-Chi, China	1999	TAP003	7.6	212.39	逆斜	3	3.152	23.57
									2.741	31.24
									2.809	18.24
55	1476	Chi-Chi, China	1999	TCU029	7.6	406.53	逆斜	3	5.588	20.30
									7.654	42.87
									6.228	19.58

序号	NGA RSN	地震事件	年份	台站	矩震级	V_{s30} （cm/s）	断层类型	脉冲个数	脉冲周期（s）	脉冲幅值（cm）
56	1477	Chi-Chi, China	1999	TCU031	7.6	489.22	逆斜	2	5.164	58.54
									7.853	44.65
57	1479	Chi-Chi, China	1999	TCU034	7.6	393.77	逆斜	2	8.129	31.87
									8.266	22.29
58	1480	Chi-Chi, China	1999	TCU036	7.6	478.07	逆斜	2	5.875	48.82
									7.439	33.41
59	1481	Chi-Chi, China	1999	TCU038	7.6	297.86	逆斜	2	5.486	46.68
									7.133	37.50
60	1483	Chi-Chi, China	1999	TCU040	7.6	362.03	逆斜	3	6.630	16.67
									6.414	39.06
									6.589	27.39
61	1484	Chi-Chi, China	1999	TCU042	7.6	578.98	逆斜	2	7.181	29.72
									6.027	23.54
62	1486	Chi-Chi, China	1999	TCU046	7.6	465.55	逆斜	2	8.392	25.64
									8.145	28.21
63	1489	Chi-Chi, China	1999	TCU049	7.6	487.27	逆斜	1	7.793	48.46
64	1493	Chi-Chi, China	1999	TCU053	7.6	454.55	逆斜	2	7.405	37.54
									7.976	14.37
65	1494	Chi-Chi, China	1999	TCU054	7.6	460.69	逆斜	1	7.485	41.77
66	1496	Chi-Chi, China	1999	TCU056	7.6	403.2	逆斜	5	6.369	19.96
									6.667	33.61
									4.960	13.13
									5.107	23.22
									5.784	15.93
67	1499	Chi-Chi, China	1999	TCU060	7.6	375.42	逆斜	3	9.721	24.88
									12.221	10.40
									6.629	12.34
68	1503	Chi-Chi, China	1999	TCU065	7.6	305.85	逆斜	2	2.869	132.40
									3.486	77.47
69	1505	Chi-Chi, China	1999	TCU068	7.6	487.34	逆斜	1	10.283	172.66
70	1510	Chi-Chi, China	1999	TCU075	7.6	573.02	逆斜	1	4.685	68.23
71	1511	Chi-Chi, China	1999	TCU076	7.6	614.98	逆斜	1	3.555	49.39

序号	NGA RSN	地震事件	年份	台站	矩震级	V_{s30}（cm/s）	断层类型	脉冲个数	脉冲周期（s）	脉冲幅值（cm）
72	1515	Chi-Chi, China	1999	TCU082	7.6	472.81	逆斜	2	7.033	38.50
									5.665	21.40
73	1519	Chi-Chi, China	1999	TCU087	7.6	538.69	逆斜	2	7.036	42.54
									6.772	23.09
74	1526	Chi-Chi, China	1999	TCU098	7.6	346.56	逆斜	3	5.663	38.39
									5.202	32.95
									4.005	18.25
75	1528	Chi-Chi, China	1999	TCU101	7.6	389.41	逆斜	1	7.871	46.44
76	1529	Chi-Chi, China	1999	TCU102	7.6	714.27	逆斜	1	5.848	67.74
77	1530	Chi-Chi, China	1999	TCU103	7.6	494.1	逆斜	1	6.775	52.08
78	1531	Chi-Chi, China	1999	TCU104	7.6	410.45	逆斜	3	7.491	23.52
									7.175	18.85
									7.018	16.46
79	1548	Chi-Chi, China	1999	TCU128	7.6	599.64	逆斜	2	6.328	61.11
									6.191	36.29
80	1550	Chi-Chi, China	1999	TCU136	7.6	462.10	逆斜	2	8.838	35.21
									6.096	33.14
81	1752	Northwest China-03	1997	Jiashi	6.1	240.09	正	1	1.493	22.35
82	1853	Chi-Chi, China-03	1999	CHY024	5.0	328.57	走滑	4	0.903	7.35
									1.516	6.17
									0.868	5.10
									0.646	5.09
83	2457	Chi-Chi, China-03	1999	CHY080	6.2	427.73	逆	3	3.663	28.91
									3.579	17.43
									3.537	16.79
84	2495	Chi-Chi, China-03	1999	TCU076	6.2	496.21	逆	2	1.095	60.35
									1.449	57.73
85	2627	Chi-Chi, China-03	1999	CHY101	6.2	614.98	逆	2	2.302	26.65
									2.279	14.61
86	3317	Yountville	2000	Napa Fire Station #3	6.3	258.89	逆	3	2.488	36.16
									3.030	24.73
									2.479	13.92